Kunigundenweg zwischen Bamberg und Aub

Bayerische Verlagsanstalt Bamberg

Fröhling · Reuß

Kunigundenweg zwischen Bamberg und Aub

Stefan Fröhling · Andreas Reuß

Kunigundenweg zwischen Bamberg und Aub

Die Chorturmkirche St. Mauritius über dem Rimbachgrund

Titelbild: Die fotografische Doppelbelichtung läßt die Kunigundenfigur vom Maxplatzbrunnen in Bamberg über dem Wegabschnitt zwischen Burgebrach und Schlüsselfeld erscheinen.

Rückentitel: Die Figur im Turmfenster der Kunigundenkapelle auf dem Altenberg bei Aub soll die heilige Kaiserin Kunigunde darstellen.

CIP-Titelaufnahme der Deutschen Bibliothek
Kunigundenweg zwischen Bamberg und Aub /
Stefan Fröhling und Andreas Reuß. –
Bamberg: Bayerische Verl.-Anst., 1990
ISBN 3-87052-560-6
NE: Fröhling, Stefan; Reuß, Andreas

Titelbild: Andreas Reuß
Kartennachweis, Kartographie: Manfred Auer
Umschlag: Erna Lautenbacher
Gesamtherstellung: SOV Graph. Betriebe, Bamberg
Printed in Germany
ISBN 3-87052-560-6

Inhalt

Einleitung

Im Vorlande des südlichen Steigerwaldes läuft ein alter rätselhafter Weg, der zwar nicht eigentlich zu den „Hohen Straßen“ zu gehören scheint . . . der aber immerhin mit seinen Eigentümlichkeiten als ein Unikum in Deutschland hier Erwähnung verdient: es ist der im Volksmund gewöhnlich so genannte und auch in den Katasterblättern und Flurplänen als solcher eingetragene „Bamberger Weg“, hie und da auch „Kunigundenweg“, „Grasiger Weg“ oder „Grasweg“, „Edelweg“, „Eselweg“, „Wallfahrtsweg“, „Leichenweg“ usw. geheißen.

Auf diese Überlieferung von Klarmann aus dem Jahre 1909 stieß der Steigerwaldklub, als er einen Wanderweg quer durch Franken in west-östlicher Richtung markieren wollte. Dabei hat sich herausgestellt, daß diese alte Verbindung noch in heutigen Straßennamen, Kunigundenkapellen oder mündlichen Überlieferungen erscheint: Der Kunigundenweg ist ein exemplarischer Weg durch Franken (Wälder, Weinberge und Wiesengründe sowie kleine Städtchen) und erschließt zentrale Zusammenhänge mitteleuropäischer Kultur und Geschichte. Gerade Bamberg und Aub hat man als Kreuzungsorte ehemals wichtiger Wegverbindungen in nord-südlicher und west-östlicher Richtung recht klar erkannt, obwohl es sonst sehr schwierig ist, Altstraßen historisch zu belegen. So verhält es sich auch beim Kunigundenweg, zumal er auf vorgeschichtliche Zeit zurückgeht, so daß die schriftlichen Quellen teilweise erst aus einer Zeit stammen, als der Kunigundenweg schon lange bestanden hat.

Folgende Kennzeichen können für alte Wegführungen zusammengestellt werden, wobei jeder dieser Punkte einzeln auch andere Zusammenhänge belegen kann: Der Kunigundenweg verläuft heute auf den alten *Hochstraßen,* die wandernde Völker bevorzugten, da die Täler meist versumpft waren. Durch häufige Benutzung (auch mit Reittieren, oft Eseln) bildeten sich *Hohlwege.* Wenn diese zu ausgetreten waren und schlammig wurden, ging man einfach daneben, so daß heute ganze „Hohlwegfächer“ (K. Schwarz) vorzufinden sind.

Zudem verlaufen die Wege bisweilen an aktuellen oder früheren *Grenzen;* der Kunigundenweg zum Beispiel an den Grenzen der fränkischen Regierungsbezirke oder des Freistaats Bayern. Weitere Hinweise sind alte Flur- und Straßennamen sowie Flurdenkmäler (Wegkreuze, Kapellen, Hügelgräber usw.), vor allem wenn sie noch mit einem der obigen Kennzeichen in Zusammenhang stehen. Äußerst seltene und wertvolle Hinweise sind alte Weg- oder Furtbefestigungen, die zusammen mit den alten, noch erkennbaren Wegspuren in die Denkmallisten und -inventare aufgenommen werden sollten. Am sichersten sind natürlich immer alte Urkunden oder Karten, aus denen eine Wegführung zu erschließen wäre (für den Kunigundenweg eigentlich nur Katasterblätter).

Beim Kunigundenweg ergeben sich aber noch weitreichendere historische und geistige Zusammenhänge. Da Kaiser Heinrich II. (973–1024) und seine Gemahlin Kunigunde (gest. 1033), nach der der Weg benannt ist, kinderlos blieben, wendeten sie sich – in ihrer mittelalterlichen Sorge um das Seelenheil – der Kirche und vor allem ihrem neu gegründeten *Bistum Bamberg* zu. Diesem schenkten sie viele Besitzungen (Dörfer, Klöster, Pfarrkirchen mit Besitz usw.) im ganzen Reich, teilweise aus dem alten Königsgut, das bisher von Herrscher zu Herrscher weitergegeben worden war. Dazu gehörten auch Besitzungen im heutigen Österreich oder bei Aub – teilweise

Das Kloster Michelsberg über Bamberg ist wie die Kunigundenkapelle bei Aub Ausgangs- oder Zielpunkt des Weges.

weit entfernte Gebiete. Auch aufgrund dieser Kirchenfürsorge wird Kaiser Heinrich 1146 heiliggesprochen. All diese Zusammenhänge, die nicht von vornherein klar erkennbar waren (Kinderlosigkeit, reiches Besitztum des Bistums), produzierten wohl auch den reichen Sagen- und Legendenschatz, der sich um das heilige Kaiserpaar, besonders die 1200 heiliggesprochene Kunigunde, zu ranken begann.

Am bekanntesten ist das „Gottesurteil" der hl. Kunigunde, bei dem sie als Probe ihrer ehelichen Treue mit bloßen Füßen über glühende Pflugscharen schreiten mußte – und das sie bestand. Weiterhin soll sie beim Auszahlen des Lohns aus einer Schale für die Bauleute der Bamberger Stephanskirche durch ein Wunder erkannt haben, wer immer wieder zuviel genommen hatte: Eine Münze glühte in seiner Hand. Schließlich hat sie von den Türmen Bambergs einmal drei Schleier geworfen, wobei sie gelobte, dort, wo sie niedergingen, Kirchen zu erbauen. Einer soll in der Kunigundenlinde bei Aub/Burgerroth hängengeblieben sein . . .

Der Kunigundenweg wurde freilich ganz realistisch von den Treibern begangen oder beritten, die mit den „Abgaben" (meist Vieh) der Bauern aus den fernen Orten des Hochstifts zum Kloster Michelsberg, das in der Gegend ebenfalls begütert war, oder zum Domstift unterwegs waren. Ebenso benutzten Amtsboten, Wallfahrer und viele andere mehr den Weg. Sie alle versuchten, möglichst Ortsdurchgänge wegen der Zölle zu vermeiden, und benutzten daher teilweise noch die vorgeschichtlichen Hochstraßen. Inwieweit der heute markierte Wanderweg einem ursprünglichen „Kunigundenweg" entsprechen mag – der sich außerdem häufig verschob –, wird jeweils an Ort und Stelle zu überlegen sein.

Die Bedeutung der hl. Kunigunde für die Gläubigen des Mittelalters lag wohl hauptsächlich in der Betonung ihres weiblich-natürlichen Sinns für Gerechtigkeit, den sie bei ihr zu finden glaubten. Es war eine Zeit, da die Strukturen der jenseitig begründeten Weltordnung – vor allem durch den Konflikt: Kaiser und Papst – ins Wanken geraten waren. Heinrich und Kunigunde waren hier Zufluchtsinstanzen als Repräsentanten der alten Ordnung, in der Kirche und Heiliges Römisches Reich noch einmal eine Einheit sein sollten.

So liegen beide nun von ihren religiösen, profanen und legendären Insignien umgeben als Steinfiguren Tilman Riemenschneiders auf dem Hochgrab im Bamberger Dom und geben uns ein weiteres Rätsel auf: Wie gelang es nur dem Künstler, von dem wir auch in Aub Figuren finden, das Kaiserpaar gleichsam lebendig aus dem Schreine zu befreien? Er hat sie wiederum verewigt.

Einer der Hohlwege im Steigerwald, der einen früheren Wegverlauf anzeigt.

Von Bamberg nach Reichmannsdorf

Wie bei einer Bergtour beginnt die Markierung an einem schlichten, im forstlichen Stil aufgerichteten Holzschild am oberen Ende der Bamberger St.-Getreu-Straße (Parkplatz). Durch die Aufschrift „Bamberg – Aub/Gollachgau" liegt gleich motivierend die ganze Strecke vor unserem inneren Auge ausgebreitet. Aber es geht sofort steil bergauf, und wer die Treppen am markierten Weg nicht mag, kann bis zur Höhe am Waldrand mitlaufen. Es macht aber nichts, wenn wir stark Luft holen müssen, denn mit dem Eintritt in den hier beginnenden *Michelsberger Wald,* der an dieser Stelle noch zum Stadtgebiet gehört, treten wir in die beste Klimazone Bambergs ein; denn obwohl auch das Kloster Michelsberg noch auf einem Ausläufer des Steigerwaldes über der eigentlichen Stadt thront, ist die Landschaft unten doch noch mehr von der Feuchtigkeit des Regnitz-Main-Beckens geprägt.

Schnell hat man aber noch größere Höhen (380 m) auf diesem *Remeis-Weg* erreicht, benannt nach dem begüterten Bamberger Juristen und Liebhaber der Sternenkunde Dr. Karl Remeis (1837–1882), der den Stadtbürgern neben seiner Sternwarte noch seine weiter unten an der St.-Getreu-Straße gelegene Villa (als Café zugänglich) testamentarisch hinterlassen hat.

Neben dem Treppenaufgang sahen wir schon mehrere andere Wege, teils als Hohlweg, nebenherlaufen – ein typisches Zeichen alter Wegführung; ebenso der unbeschriftete Stein am Ende des Aufstiegs und der beeindruckende alte Laubbaumbestand, der den Weg säumt.

Nach einem Blick zurück und seitlich zur *Altenburg* läuft man, nunmehr gut vorankommend, teilweise leicht abwärts weiter nach Westen. Rechts liegen noch frühere, überwachsene und verschüttete Sandsteinbrüche im Hochwald, von deren Material einst so manches Bamberger Gebäude errichtet wurde. Der ganze Waldbezirk gehört schon seit dessen Gründung zum Kloster Michelsberg und ging dementsprechend nach der Säkularisation Anfang des 19. Jahrhunderts erst ans Königreich, schließlich an den Freistaat Bayern über: ein trotz aller Umwelteinflüsse prächtig dastehender, hoher (Laub-) Mischwald, der unter anderem durch Einzäunung kleiner Flächen das Rehwild nicht so überhandnehmen läßt, das erfahrungsgemäß die besten Pflanzen vieler Wälder verbissen hat. Einen so von mittelalterlicher Geschichte und Gegenwart geprägten Wald kann man wohl doch als den typischen „deutschen Wald" der Romantiker begreifen und sich getrost dem anheimelnden Geborgenheits- und Größegefühl dieser Zeit überlassen, auch wenn dieser Name mißbraucht wurde und nach Meinung mancher heutiger Schriftsteller unzutreffend sein soll. Schwingt nicht doch etwas mit von dem Bewußtsein des ehemaligen Klosterbesitzes, von E.T.A. Hoffmann und Eichendorff, von „uralten Zeiten“, wenn man diese fränkische Mittelgebirgs- und Kulturlandschaft durchwandert?

Es dürfte teilweise sogar die alte Hochstraße sein, auf der wir uns gerade hier bewegen, jedenfalls bis zur Abwendung nach *Mühlendorf.* Sobald man nun den Wald verläßt und in die hellen Wiesen und Felder eintaucht, wird ehemals Crailsheimisches Herrschaftsgebiet betreten, das vom nahen Walsdorf her verwaltet wurde. Hoffentlich werden die Bauern den Hohlweg und seine Hecken noch weiterhin die Felder durchschneiden lassen, die sich hier trotz Flurbereinigung vor Mühlendorf noch erhalten haben.

Nicht mehr erhalten wurde im Ort selbst so manches alte Haus. Vorsichtig muß die verkehrsreiche Straße, die überhaupt das ganze Aurachtal durchzieht, überschritten werden. Schräg gegenüber geht es dann geradeaus über die Aurachbrücke zu einem erhöht stehenden Kirchenneubau von 1959. Aber so vergessen dieser in der vielfach modernisierten dörflichen Umgebung auch wirken mag, er enthält einige wirklich wertvolle Kleinodien. Sie sind nur leider schon im 19. Jahrhundert aus einer anderen Kapelle herausgenommen, in Teilen neu aufgestellt und umgruppiert worden. Altarteile, immerhin von Bernhard Kamm (ein bekannter Rokoko-Künstler), die Strukturen und Beziehungen zwischen den Figuren aufgezeigt hätten, sind hier nicht mehr vorhanden. Kein Wunder, daß sich in den Angaben einige Kunst- und Wanderführer widersprechen. Manche vergessen ganz die kleine Sensation, daß es sich bei Mühlendorf eigentlich um einen Riemenschneider-Ort handeln könnte, wie bei Bamberg und Aub. Leider befindet sich nur eine Kopie des hl. Sebastian von Tilman Riemenschneider in der Kirche, das Original befindet sich im Bayerischen Nationalmuseum in München. Von dort müßte es eigentlich wieder zurückgebracht werden; denn für den Museumsbesucher ist es ein Schaustück unter vielen, in Mühlendorf wäre es ein echter Anziehungspunkt für den Südwesten des Bamberger Landes.

Doch so weit ist Mühlendorf von Riemenschneider nicht entfernt, denn zum Sebastian gehört, wie so oft, ein hl. Rochus, der sich aber weder im Germanischen Nationalmuseum in Nürnberg noch in München befindet, wie in manchen Büchern behauptet wird, sondern nach wie vor in Mühlendorf: eine originale „Riemenschneider-Werkstatt“-Arbeit – wie weit der Meister selbst Hand angelegt hat, müßte noch herauszufinden sein. Es ist jedenfalls eine gute Arbeit, vor der sich das Verweilen lohnt. Auch die Übermalungen haben ihre Ausstrahlung nicht verwischen können (1966 restauriert). Angesichts der

Rechts: Eine originale „Riemenschneider-Werkstatt“-Arbeit in Mühlendorf zeigt den hl. Rochus im Pilgergewand.

Der Anfang des Kunigundenwegs im Michelsberger Wald.

Gewandung des heiligen Rochus kann der heutige Kunigundenweg-Wanderer seine Ausrüstung mit dem damaligen Pilgergewand vergleichen.

Aber es gilt noch andere Entdeckungen zu machen: zwei besonders gelobte spätgotische Putten (wahrscheinlich seitenverkehrt vor der kahlen Wand plaziert), eine Vespergruppe von ca. 1420, etwas unpassend direkt unter dem Kreuz, und eine spätgotische Muttergottes. Ein weiterer Höhepunkt aber ist der wertvolle Corpus des Hochaltar-Kreuzes in der Art des Hans Nußbaum, das sich ursprünglich auf der Oberen Brücke in Bamberg befand (mit Figurengruppe), von der es 1705 durch einen Sturmwind in die Regnitz gestürzt wurde. Es wurde geborgen, dann aber in Mühlendorf aufgestellt. Für Bamberg lieferte daraufhin J. L. Gollwitzer die bekannte Kreuzigungsgruppe. Wenn so sturmerprobte Figuren in Mühlendorf Bergung finden, könnte auch die Riemenschneiderstatue wieder hier beheimatet werden.

Vor der Kirche führt die Markierung den Weg rechts hinauf, gleich am Friedhof vorbei in die Felder auf der Höhe, in Richtung Kreuzschuh. Das Kreuz dort oben zwischen Bäumen kann als Hinweis auf eine alte Verbindung gelten.

An den üblichen Neubauten vorbei kommt man durch *Kreuzschuh*, dessen Ortsname einige Rätsel aufgibt. Einerseits wohl als „von den Kreuzen" zu erklären, deutet andererseits die Nachsilbe „-schuh" möglicherweise auf slawischen Ursprung hin: Die alte Schreibweise Krewtscha kann mit „Krähenort" übersetzt werden.

Man verläßt den Ort dann wieder durch einen noch erhaltenen Hohlweg. Auf der Höhe vor dem Wald kann man im Rückblick noch einmal die Altenburg und den Michelsberger Wald liegen sehen. Rechts davon zeigt das neue Bamberger Klinikum-Hochhaus, daß die vergangenen Zeiten auch im Landschaftsbild nicht ungestört fortbestehen durften.

Im Wald dann biegen wir links auf einen größeren Verbindungsweg nach *Grasmannsdorf*. Schon hier geraten wir in den Bereich des Ebrachgrundes, nämlich in den ehemaligen Bezirk der Ämter Burgebrach-Schönbrunn des Hochstifts Bamberg, zeitweise aber auch zum Besitz der Bamberger Familie von Heinrichen gehörend, die – neben den Reussischen Kanzler-Interessenten – Grundherren in Grasmannsdorf waren.

Über einen langen gerade verlaufenden Weg durch die Flur „Himmelreich" (Kataster von 1822) nähern wir uns diesem Ort – schon um 800 gegründet und dem Namen nach vielleicht auf eine germanische Einzelpersönlichkeit zurückzuführen. Doch das Alte ist auch hier verschwunden oder zerstückelt: Die Judenschule ist weg, die alte Kapelle von 1769 eine Garage, die

Ausstattung befindet sich in einem Neubau (außen ein Wappen, das sich ehemals an der alten Kapelle über der Tür befand); wieder ein „sehr bemerkenswerter“ Altar (Heinrich Mayer) von B. Kamm mit Figuren und Tafelbildern. Das ehemalige Schloß liegt etwas eingebaut gegenüber der Gastwirtschaft, die in einem nicht modernisierten Gebäude mit eigenem Brauereibetrieb noch Traditionen weiterführt. Der alte Weg führt in flache Wiesen, auf denen oft interessante Vögel, auch Störche, zu beobachten sind.

Eine besondere Dimension verleiht die alte *Brücke* über die Rauhe Ebrach dem südwestlichen Bamberger Land, da sie mit sieben Heiligenfiguren verziert ist: Vitus, Heinrich, Otto, Wolfgang, Joh. Nepomuk, Nikolaus (hier war der einträgliche Brückenzoll zu entrichten) und Chilian. Das gute Geschäft aus Zollgebühren und Spenden ermöglichte um 1730 die Befestigung der Brücke durch eine eigens eingerichtete Stiftung und die Aufstellung dieser teilweise recht exaltierten Barockfiguren durch die Burgebracher Verwaltung: Vor allem der hl. Vitus mit Gockel lebt vom lustigen Schwung seines Körpers, der an manchen Tagen in einen bemerkenswerten Kontrast zur wolkenverhangenen Auenlandschaft treten kann.

Bei Grasmannsdorf wird die *Rauhe Ebrach* überquert. Der Weg nach Burgebrach – knapp ein Kilometer – aber verläuft entlang der *Mittleren Ebrach*. Das läßt sich leicht erklären: Ganz in der Nähe der Grasmannsdorfer Brücke fließt die Mittlere Ebrach in die nördlicher gelegene Rauhe Ebrach. Das mag, ist man nicht in einem der Flußtäler ansässig, immer wieder zu Verwechslungen führen; denn neben der Rauhen und Mittleren Ebrach gibt es auch noch die *Reiche – wasserreiche – Ebrach,* auf die der Kunigundenweg weiter südlich bei Schlüsselfeld trifft.

Ähnlich wie mit den drei Ebrach-Flüssen verhält es sich mit der *Aurach,* die der Kunigundenweg bei Mühlendorf überquert hat. Das ist die nördliche Aurach. Die Orte Stegaurach oder Unteraurach sind danach benannt. Weiter im Süden bei Münchaurach, Herzogenaurach und Frauenaurach findet sich der zweite Fluß dieses Namens; und südlich von Heilsbronn und Schwabach schließlich der dritte, mit so deutlich klingenden Ortsnamen wie Petersaurach, Veitsaurach oder Barthelmesaurach. Beide Flußnamen, Ebrach und Aurach, haben ursprünglich etwas mit Tieren zu tun, die in früheren Zeiten dort wohl gejagt werden konnten: Eber und Auerochse. Die Endung -ach bedeutet „Wasser“. Und alle diese Flüsse, mit Ausnahme der südlichen Aurach, münden in die Regnitz.

In den Ort *Burgebrach* gelangt der Wanderer – ganz naheliegend – über die Grasmannsdorfer Straße, vorbei an Schulge-

Oben: Blick zur Altenburg bei Bamberg von der Höhe vor Kreuzschuh aus.

Unten: Die Altenburg an einem Sommerabend mit Johannisfeuer am Rothof.

bäuden, einer neuromanischen Kapelle aus dem 19. Jahrhundert, die den Vierzehn Nothelfern geweiht ist, und einer aus dem Ende des 18. Jahrhunderts stammenden Sandsteinfigur des hl. Joseph, die sich an einen unverbauten Garten anlehnt. Die Kapelle ist ein jüngeres Zeichen einer eigenen Heiligenverehrung, bei der die religiöse Symbolzahl Sieben sogar verdoppelt erscheint. Diese Verehrung der 14 Heiligen hat sich seit dem 14. und 15. Jahrhundert besonders in den Diözesen Bamberg und Regensburg entwickelt, wofür die von Balthasar Neumann im Maintal bei Staffelstein erbaute Barockkirche Vierzehnheiligen das bekannteste Beispiel ist.

Der Kunigundenweg zweigt nun nach links ab Richtung Ortsmitte, die Ampferbacher Straße entlang. Vor der Brücke über die Mittlere Ebrach – die sich übrigens von Ebrach her kommend vor Burgebrach in den Wiesen- und den Mühlbach teilt, am Ende aber wieder zusammenfließt, den eigentlichen Ort umschließend – steht ein alter, schon verwitterter Bildstock aus dem Jahre 1512, der neben den abgebildeten Kreuzigungsgruppen an der Seite auch, so Heinrich Mayer, eine Kunigundenfigur zeigt. Danach fällt einem als nächstes Bauwerk ein stattliches Gebäude auf, das am Anfang dieses Jahrhunderts errichtet wurde und als katholisches Pfarramt dient.

Man kann anschließend nach rechts – dem gekennzeichneten Kunigundenweg nach – in die Marktstraße abbiegen und über die Hauptstraße und einen der Seitendurchgänge des Stadttores den Ort wieder verlassen. Man kann aber natürlich auch eine kurze Unterbrechung einplanen und zumindest die Pfarrkirche besichtigen.

Burgebrach wurde im Jahre 1023 als „urbs Eberaha“ erstmals urkundlich erwähnt, ist aber vermutlich älter. 1472 jedenfalls wurde dem Ort das Marktrecht verliehen. Es gab Befestigungen, wenn auch keinen Mauerring, und Tore, von denen jedoch nur noch eines erhalten ist, das 1720 zu einem Torhaus umgebaut wurde. Die Kirche St. Veit stammt in den frühesten Teilen (Chor) aus dem 15. Jahrhundert; das Langhaus wurde 1731 errichtet und 1925 verlängert. Ungewöhnlich ist der spätgotische Ölberg, weil er nicht direkt an der Kirche steht, sondern frei auf dem Platz davor, dem ehemaligen Friedhof. Der Name St. Veit oder Vitus taucht hier nicht nur im Patrozinium der Kirche auf, sondern ebenso bei der Vierzehnnothelferkapelle, denn einer der Vierzehn ist St. Vitus, und, bekannterweise, als Figur auf der Grasmannsdorfer Brücke. Die Verehrung des Heiligen war vor allem im 13. bis 18. Jahrhundert sehr stark. Der älteste Teil des Krankenhauses gleich neben der Pfarrkirche war ehedem ein Amtsgebäude aus dem frühen 19. Jahrhundert mit ägyptisierendem Portal, wie es heißt. Zudem

existiert noch heute das Gebäude einer jüdischen Synagoge, die aber leider als solche nicht mehr zu erkennen ist (Marktstr. 8). Das jüdische Ritualbad (Mikwe) wurde zu einer Garage umgebaut (Hauptstraße 45).

Wenn sich der Besucher also die Zeit genommen hat, um sich ein wenig umzusehen, und auf dem Kunigundenweg weitergehen will, folgt er nach dem Tordurchgang kurz der Würzburger Straße, welche die alte Ortsausfahrt war, dann jedoch nicht der

Dieses Kreuz befindet sich am Ortseingang von Kreuzschuh, dessen Name wohl nichts mit dem Wort „Kreuz" zu tun hat.

Der busch- und baumbestandene Feldweg führt bei Kreuzschuh in den Wald vor Grasmannsdorf.

Biegung nach rechts; statt dessen geht er geradeaus zur Bundesstraße vor. Noch an der Würzburger Straße trifft der Main-Donau-Weg, von Schönbrunn kommend, auf den Kunigundenweg, den er erst auf der Höhe vor Reichmannsdorf wieder verläßt.

Über den Mühlbach, die Bundesstraße 22, die nicht gerade unbelebt ist, und über das Eisenbahngleis der für den Personenverkehr stillgelegten Strecke Strullendorf–Ebrach hinweg folgt man rechter Hand dem langgezogenen Falkweg, um den Ort Burgebrach zu verlassen. Nach einem sehr kurzen Waldstück eröffnet sich einem vom Kunigundenweg aus ein breiter Blick über das Tal der Mittleren Ebrach Richtung *Schatzenhof* mit der klassizistischen Kapelle St. Trinitatis (1813) und *Klemmenhof* mit der im 18. Jahrhundert errichteten Kapelle St. Wendelin. Die Bauern von Schatzenhof konnten während der Säkularisation aus dem Ebracher Klosterbesitz zwei spätgotische Bildwerke erwerben: das Kaiserpaar Heinrich und Kunigunde. Sie standen früher in der 1813 errichteten Kapelle und sind heute in der Burgebracher Pfarrkirche zu sehen.

Der Kunigundenweg zweigt an der nächsten Wegkreuzung nach links ab, den Hügel hinauf, und verläuft von dort in einem großen Bogen hinab nach Dippach. Wir meinen aber, es lohnt sich, das „Risiko“ einzugehen, für kurze Zeit einer unbeschilderten Strecke zu folgen. Statt sich nach links zu wenden, geht man an der Kreuzung einfach geradeaus weiter, ebenso einen Hügel hinauf, um erst dort nach links zu laufen, auf dem eingeschlagenen Weg bleibend, der in einer Serpentine

Sonnenuntergang über dem Tal der Rauhen Ebrach an der Grasmannsdorfer Brücke, die mit sieben Heiligenfiguren verziert ist.

Einer der Heiligen von der Grasmannsdorfer Brücke: Johannes Nepomuk, der im Prager Veitsdom begraben liegt.

hinunter nach Dippach führt. Auf der Anhöhe, in topographischen Karten mit dem Namen *Eckberg* bezeichnet, weitet sich nämlich der Blick über *Mönchsambach* hinüber in Richtung *Burgwindheim.* Auf der entgegengesetzten Seite kann man zumindest an klaren Tagen noch die Altenburg über Bamberg sehen und den ganzen Weg, den man gegangen ist, als Luftlinie überschauen. Aber auch in einem oft dunstigen Licht wird der Reiz der Landschaft erkennbar, die nicht satt wirken muß, sondern sich eine gewisse Herbheit leisten kann.

Dippach wird zum ersten Mal 1291 genannt, ist aber sicher älter und reicht wahrscheinlich, wie viele andere Orte, bis in die Zeit des fränkischen Landausbaues um 800 zurück. In Dippach, ebenso im benachbarten Treppendorf, wurde in früherer Zeit Kalk abgebaut und in Öfen gebrannt. Und die Straße vom Eckberg herunter trifft direkt auf die neuromanische Kapelle St. Maria (um 1880). Von dort führt der Kunigundenweg zum Ortsausgang (zur Straße nach Mönchsambach) und dann wieder hinauf in den gegenüber liegenden Wald mit dem Namen Kapellenholz, der erst auf der Anhöhe vor Reichmannsdorf wieder verlassen wird. Auf alten Karten ist in dem Wald noch eine St.-Peters-Kapelle eingezeichnet, die aber schon 1846 verschwunden sein soll.

Außerhalb des Waldes sieht man bald – nach der Abzweigung des Main-Donau-Weges – Kirche und Schloß von Reichmannsdorf im Tal liegen. Wir folgen nicht dem Main-Donau-Weg und verlassen auch den Kunigundenweg kurz vor dem Wiedereintritt in den Wald, um nach links direkt auf *Reichmannsdorf* zuzugehen. Seitlich dieses Talwegs liegt ein alter, von sanfter Stille umfangener Judenfriedhof, baumbestanden,

Links: Eine Figur des spätgotischen Ölbergs in Burgebrach, der frei auf dem Platz vor der Kirche St. Veit steht.

Rechts: Ein verwitterter Bildstock aus dem Jahre 1512 an der Ampferbacher Straße in Burgebrach.

Seitlich des Talwegs nach Reichmannsdorf liegt ein von sanfter Stille umfangener Judenfriedhof, wie üblich außerhalb des Ortes.

wie üblich auf einer Anhöhe außerhalb des Ortes; wieder ein wichtiger Rest jüdischer Kultur in unserer Heimat. Die Juden standen nachweislich unter besonderem Schutz des ansässigen Freiherrn von Schrottenberg. Die Synagoge wurde 1926 verkauft und verändert.

Im Kirchturm erkennen wir den Rest einer ersten der urtümlichen Chorturmkirchen (1473), von denen wir bis Aub noch manches Beispiel kennenlernen werden. Ja, man kann den Kunigundenweg geradezu als „Sammler" besonderer Exemplare der fränkischen Chorturmkirchen begehen! Der Würzburger Fürstbischof Rudolf von Scherenberg (Relief über dem Eingang) hatte den Ort zur eigenständigen Pfarrei erhoben. Für ihn schuf Riemenschneider in Würzburg ein bekanntes Grabmal: das realistische Bildnis eines von Alter und Amt gezeichneten Mannes.

Auffälliger ist im Ort das beherrschende Schloß, „eines der schönsten kleinen Schlösser des Landes" (Sayn-Wittgenstein). Der neu hergezogene Wolf Philipp von Schrottenberg hatte ab 1682 die Grundherrschaft über das Umland erworben, sich mit dem in *Pommersfelden* benachbarten Kurfürsten Lothar Franz

von Schönborn befreundet und mit keinem geringeren als Johann Dientzenhofer sein Schloß erbaut. Es wurde mit seiner erlesenen Ausstattung aus dem frühen 18. Jahrhundert im Innern und im Park (beides nicht öffentlich) ein gar nicht so kleines „Pommersfelden en miniature" (Sayn-Wittgenstein) und darüber hinaus einer der originellsten „Kleinststaaten" unserer Lande; und alles, vom Beuthner-Stuck über das Gebhard-Gemälde bis zur Bibliothek, wird noch durch die weiter hier lebende Familie von Schrottenberg auf das sorgsamste erhalten und gepflegt. Als Krönung von Originalität und Rarität sucht nun endlich die ehemalige Porzellanmanufaktur (Haus-Nr. 34½) ihresgleichen. Das auch für die Wirtschaftsgeschichte des Steigerwaldes bemerkenswerte Unternehmen bestand immerhin rund 75 Jahre (nach 1790–1867) und hatte sich wegen des reichen Holzbestandes – zum Brennen des Porzellans – in Reichmannsdorf niedergelassen, obwohl die anderen Rohstoffe (Porzellanerde, Alabaster, Quarz, Gips usw.) teilweise von weither aus dem Fichtelgebirge bezogen werden mußten. Auch im nordwestlich gelegenen *Fabrikschleichach* an der Altstraße „Glashüttenweg" war der Rohstoff Brennholz – neben entsprechendem Steinvorkommen – für Balthasar Neumanns Glasfabrik-Ansiedlung ausschlaggebend.

So bot der sonst als still und kaum besiedelt geschilderte Steigerwald schon in der Vergangenheit mindestens zwei Produktionsstätten für hochwertiges Kunsthandwerk – und nicht nur für Töpfer- oder Holzwaren wie in anderen Waldgegenden. Das Reichmannsdorfer Porzellan jedenfalls soll weithin gerühmt und mit dem Meißner verglichen worden sein.

Das von Johann Dientzenhofer in Reichmannsdorf erbaute Schloß, vom See im ehemaligen Schloßpark aus gesehen.

Der Weg nach Schlüsselfeld

Von Reichmannsdorf aus kann man auch über den Main-Donau-Weg wieder Anschluß an den Kunigundenweg und die alte *Hochstraße* finden, eine der bedeutenden frühen, schon vorfränkischen Querverbindungen durch den Steigerwald zwischen den fränkischen Königshöfen Forchheim und Dettelbach bzw. weiter nach Würzburg (Parallelverbindungen südlich und nördlich). Wie erzählt wird, soll schon Karl der Große darauf geritten sein. Nördlich von Reichmannsdorf verläuft die Hochstraße genau auf der Grenze zwischen dem ehemaligen Schrottenbergischen Besitz und dem Hochstift Würzburg, zu dem auch Schlüsselfeld lange gehörte. Man merkt, daß man auf dem Höhenrücken wandert, da in unmittelbarer Entfernung der Wald nach beiden Seiten abfällt. Inselförmig liegt an einzelnen Stellen der Mittlere Burgsandstein ausgebreitet (hellgrau, feinkörnig; bei Reichmannsdorf), während auf der Höhe von Bernroth und weiter in Richtung Schlüsselfeld der Untere Buntsandstein der Nürnberger Fazies verläuft, benannt nach der Nürnberger Burg.

Nur wenige Meter in der Fortsetzung der Hochstraße, die man bald nach Süden hin in Form einer Spitzkehre abbiegend verläßt, liegt eine Erhebung aus Mittlerem Burgsandstein, genannt *Sommerrangen* (433 m). Es ist der höchste Berg in dieser Gegend, der zu den Hügeln zählt, nach denen die Hochstraße auch „Siebenhügelweg“ genannt wird. Der 158 Meter hohe Fernmeldeturm der Post (für den Richtfunk), der sich heute darauf befindet, bildet nunmehr einen Orientierungspunkt für den ganzen Steigerwald: Sowohl vom Rand der Fränkischen Schweiz, von Burg Feuerstein, als auch vom Westen des Steigerwalds aus, vom Aussichtsturm Iffigheimer Berg, ist oft schon mit bloßem Auge zu erkennen, wie er weit über die still dahinziehenden Waldhügel hinausragt. Aber die Hochstraße schafft noch andere, heutzutage interessante Verbindungen: Die kulturellen Höhepunkte *Ebrach* (Abtei) und *Pommersfelden* (Schloß) sind durch kurze, auch schon frühe Zugangswege über sie miteinander verbunden. Dazwischen liegt noch, wie gesagt, Reichmannsdorf, dann Ilmenau und noch vor Ebrach die romanische Chorturmkirche bei Großbirkach. Das dortige Relief, die eingemauerten romanischen Köpfe, das Rundbogenportal mit Zacken und die ganze umfriedete Anlage ist in dieser Kombination erst wieder an der Kunigundenkapelle bei Aub zu finden.

Ebenso eindrucksvolle Romanik, nur großzügiger, bietet im südlichen Steigerwald die ehemalige Abtei *Münchsteinach*, die mit ihren Anklängen an *Cashel/Südirland* nun endgültig die Erinnerung an die irischen Mönche aufkommen läßt, die einst das Christentum auch in Franken wiederholt verwurzelten.

Wir verlassen jedoch kurz vor dem Sommerrangen die Hochstraße in Richtung Süden und gelangen in den Schlüsselfelder Stadtwald – ein kleines Unikum in der Regelung der Eigentumsrechte. Die ursprünglichen 74 Stammbürger Schlüsselfelds besaßen die Rechte an diesen und anderen Waldstücken gemeinsam – vielleicht noch ein Relikt aus der (vorfränkischen) Zeit, als die Besitzverhältnisse noch nicht durch einzelne Herrscher oder Institutionen bestimmt waren. Ein ähnliches Relikt finden wir in Franken noch beim *Osing* – ein Hügel im Kreis Bad Windsheim –, um dessen Besitz bis heute alle zehn Jahre gelost wird. Auch in Schlüsselfeld sind bis heute die Rechte am Holzertrag der städtischen Wälder an bestimmte Häuser gebunden. Wie so oft sahen sich aber die Schlüsselfelder Bürger einst gezwungen, den Waldbesitz nachzuweisen. Urkunden fehlten, so daß man eine Schenkung vorgab, die mit einer Irrsage begründet wurde. Danach soll die Edeldame Anna Amalia von Laufenholz – an anderen Orten auch die hl. Kunigunde – im Wald spazierengegangen sein. Dabei wurde es immer später, die Nacht brach herein, und das Fräulein fand den Heimweg nicht mehr. Plötzlich war sie aus ihrem Herr-

Die ehemalige Abtei Münchsteinach im südlichen Steigerwald (links) läßt sich mit ihrer ausgeprägten Romanik und ihrer besonderen Lage über der Landschaft mit Cashel in Südirland (rechts) vergleichen.

schaftsleben herausgerissen und der Ungeborgenheit und Unheimlichkeit des Waldes ausgesetzt. Doch da läutete die Nachtglocke des Städtchens Schlüsselfeld! Dem Schalle folgend gelangte sie glücklich zu dem Ort. „Aus Dankbarkeit für ihre Rettung schenkte sie nun mit Einwilligung ihres Gemahls, mit dem sie in kinderloser Ehe lebte (wie Heinrich und Kunigunde), den ganzen großen Wald der Bürgerschaft zu Schlüsselfeld auf ewige Zeiten." (Klarmann)

Der nächsten Sage begegnen wir an der Stelle, wo wir die Hochstraße nach links verlassen. Die Stelle ist in manchen Karten als „Wüstungsspitze" gekennzeichnet – ein Hinweis auf eine möglicherweise hier gelegene Wüstung, also eine ehemalige Siedlung. Der Grabeneinschnitt *Alter Grund* mit dem hier entspringenden Büchelbach wendet sich nach rechts, in nördlicher Richtung zu den Häusern von *Magdalenenkappel.* Hier soll nach der Sage der „Amtmann" umgehen – weiter nicht verwunderlich, wenn es nicht ein Mann ohne Kopf wäre. Wir brauchen aber keine Angst zu haben, denn er erscheint nur den Holzdieben.

Ungefähr ein Kilometer nach der ersten Abzweigung biegt der Kunigundenweg wieder nach rechts, Richtung Süden, auf den sogenannten Triebweg ab, kommt am „Pölnitz-Marterl" (ein Hinweis auf das Geschlecht der Pölnitz im nahen Aschbach) vorbei und tritt dann, nach einem Waldspielplatz, aus dem Wald heraus. Ein weiter Blick bis zum Anstieg der Fränkischen Schweiz eröffnet sich. Wer den Blick weiter genießen will, kann dem Kunigundenweg rechter Hand folgen und erst ein Stück weiter westlich nach Schlüsselfeld hinunterwandern. Der ältere Weg führt jedoch als Hohlweg mit teilweise prächtigen Linden und alten Bierkellern geradeaus weiter bis zur Hauptstraße nach Schlüsselfeld (Bamberger Straße). Die im Hohlweg durchscheinenden Felsen sind gleich nach dem Waldaustritt teilweise von Coburger Sandstein; weiter unten befand sich ein Steinbruch im Blasensandstein. Am Fuß des Berges, vor der Hauptstraße am Kellerhäuschen, sind braunrote, tonige Lehrbergschichten anzutreffen, auf denen auch Schlüsselfeld erbaut ist (bis zum Marktplatz, dann Talschutt). Die gleiche geologische Reihenfolge finden wir auf der anderen Seite des Tals der Reichen Ebrach, gegenüber von Schlüsselfeld.

Die Lehrbergtone wurden, wie in fast allen Orten der Umgebung, auch in *Schlüsselfeld* abgebaut und in den Betrieben May und Dennert bis zur Jahrhundertwende bzw. bis 1926 zu Backsteinen oder Dachziegeln gebrannt, oft noch im Handbetrieb und mit Holzfeuerung (W. Haarländer).

Die Vorfahren der Reichsherren von Schlüsselberg – daher der Name „Schlüsselfeld" – besaßen Anfang des 12. Jahrhunderts eine Burg in der Nähe des zwischen Höchstadt an der Aisch und Forchheim gelegenen Ortes *Adelsdorf*, nach der sie in Urkunden aus dieser Zeit auch benannt werden: das Geschlecht der „Othlohestorf“. Sie konnten sich Ansehen erwerben und auch Besitzungen, und es gelang ihnen, ihr Herrschaftsgebiet vor allem in der heutigen Fränkischen Schweiz auszudehnen. Zu Beginn des 13. Jahrhunderts wurde im Wiesenttal nahe bei Waischenfeld die Burg *Schlüsselberg* als neuer Stammsitz erbaut. Seit dieser Zeit führten die Herren von Othlohestorf den Namen Schlüsselberg. Die Burg bei Adelsdorf, die im Bauernkrieg restlos zerstört wird, hatten sie verlassen.

Konrad III. von Schlüsselberg konnte nach 1300 die Hälfte der Burg des heute nach Schlüsselfeld eingemeindeten Nachbarortes Thüngfeld erwerben. *Thüngfeld* (Tunfelt) selbst wird bereits 1154 urkundlich genannt. Da Konrad III. aber offensichtlich ein starkes Interesse daran hatte, in dieser Gegend ein eigenes Zentrum seines Einflußbereichs zu schaffen, begründete er um 1330 auf dem an Thüngfeld angrenzenden ihm gehörenden Besitz den Markt Schlüsselfeld.

Weil Konrad III. von Schlüsselberg aber 1347 bei Auseinandersetzungen mit den Nürnberger Burggrafen, dem Bamberger und dem Würzburger Bischof um die territoriale Vormacht in der *Fränkischen Schweiz* getötet wird – der konkrete Anlaß war eine von ihm errichtete Mautsperre an der für die Beteiligten wichtigen Straße im Wiesenttal bei Streitberg – und dadurch das Geschlecht der Schlüsselberger ausstirbt, wird Schlüsselfeld gemeinsamer Besitz der Bischöfe. Die Brüder Friedrich und Albrecht von Hohenlohe, der eine Bischof von Bamberg, der andere Bischof von Würzburg, teilen sich nämlich zusammen mit den Nürnberger Burggrafen im Vertrag von Iphofen (1349) das Schlüsselberger Erbe. Und im Zuge eines Gebietstausches zwischen den Hochstiften Bamberg und Würzburg fällt der Markt Schlüsselfeld 1390 schließlich ganz an Würzburg.

Nachgetragen sei noch, daß das ebenfalls wie Schlüsselfeld im Tal der Reichen Ebrach liegende ehemalige Zisterzienserinnenkloster *Schlüsselau* auch von den Schlüsselbergern (Eberhard II.) 1260 durch eine Stiftung begründet wurde. Der Neffe Eberhards II., Gottfried von Schlüsselberg, liegt dort begraben.

Will man nun auf dem Kunigundenweg den alten Stadtkern Schlüsselfelds erreichen, läuft man die Bamberger Straße entlang, an für die „Bierseligkeit“ Frankens so typischen Kellerabgängen vorbei und über die seit 1977 für den Personenverkehr stillgelegte Eisenbahnstrecke hinweg. Da erging es Schlüsselfeld nicht anders als Burgebrach und anderen Orten an Nebenli-

Der Petrusbrunnen bildet das Zentrum des Schlüsselfelder Marktplatzes, an dem sich auch das barocke Rathaus und das fürstbischöfliche Amtsgebäude befinden.

Über den Marktplatz in Schlüsselfeld hinaus ragt der aus dem 15. Jahrhundert stammende Torturm mit seinem barocken Obergeschoß.

nien. Der noch vorhandene Bahnhof mit Nebengebäuden, der jetzt ein privates Wohn- und Lagerhaus ist, konnte seine Atmosphäre noch bewahren.

Der Kunigundenweg führt dort, wo sich die Bamberger Straße nach links Richtung Thüngfeld wendet, rechts über den Kirchplatz zum Marktplatz hin. Trotzdem wäre ein kurzer Abstecher zur Chorturmkirche St. Bartholomäus in *Thüngfeld* keine schlechte Idee, zumal auch hier wieder ein neuer Bezugspunkt für spätere Unternehmungen zu entdecken ist. Ein Teil der Ausstattung nämlich (Hochaltar, Kanzel, Beichtstühle), der 1825 hierher verbracht wurde, stammt aus einer abgetragenen barocken Wallfahrtskirche, die dereinst auf dem *Lauberberg* bei Höchstadt an der Aisch gestanden, und die der Fürstbischof von Würzburg und Bamberg Adam Friedrich von Seinsheim am 28. Oktober 1763 selbst konsekriert hat. Eine in der Sage beschriebene Edelfrau, der die Menschen dort den Namen „Sibylle Weiß" gegeben haben – die weissagende Frau, nicht zu verwechseln mit einer weißgewandeten Frau –, soll am Lauberberg, wo sie vielleicht auch begraben liegt, einen Vorgängerbau der abgegangenen Kirche gestiftet haben. Die heutige Kapelle ist die übriggebliebene Sakristei von damals; und das sagenhafte Grab der Edelfrau soll sich bewegen und endlich den Jüngsten Tag verkünden.

Schlüsselfeld – um seine Geschichte fortzuführen – erhielt 1396 das Stadtrecht. Die Befestigung reicht in ihrem Kern bis in diese Zeit zurück. Im Dreißigjährigen Krieg mußte die Stadt dann aber Verwüstungen hinnehmen. Man kann auch heute an den erhaltenen Resten der Stadtmauer im zugeschütteten Graben entlanglaufen, der leider von undezenten modernen Bauten gesäumt wird.

Die katholische Pfarrkirche mit dem älteren Nebenpatrozinium St. Kilian und dem Hauptpatrozinium St. Johannes der Täufer, das vor 1500 anstelle des älteren Patroziniums eingesetzt wurde, entstammt dem 15. Jahrhundert. Die Pfarrei ist jedoch noch älter (1376). Auch ein gotisches Beinhaus ist daneben zu sehen. Am südlichen Stadtrand findet sich an der Stelle einer 14-Nothelfer-Kapelle eine Marienkapelle, die möglicherweise Balthasar Neumann entworfen hat. Am Marktplatz steht eine Reihe von denkmalgeschützten Häusern, darunter ein fürstbischöfliches Amtsgebäude. Der Platz wird in seiner Mitte durch den Petrusbrunnen geteilt.

Das alte barocke Rathaus der Stadt befindet sich ebenfalls am Schlüsselfelder Marktplatz. 1723 wurde es erbaut. Es trägt einen kleinen Dachreiter mit Glocke und ist auf halber Höhe mit einer lateinischen Inschrift verziert, die in ehrenhafter Weise besagt, daß dieses Haus die Schlechtigkeit haßt, den

Frieden liebt, die Verbrechen bestraft, das Recht hütet und die Frommen ehrt: *Haec domus odit nequitiam, amat pacem, punit crimina, custodit iura, honorit pios.* Ob die Reste des Prangers dort auch heute noch schrecken?

Bemerkenswert ist auch das Haus Nr. 12 in der Pfarrer-Weissenberger-Straße hinter der Pfarrkirche, das seitlich in der Wand ein barockes Kruzifix und zwei Heiligenfiguren zeigt. Und dann ist da noch das Wahrzeichen der Stadt, der große, den Marktplatz abschließende Torturm mit Vorwerk aus dem 15. Jahrhundert (das Obergeschoß ist barock), den diejenigen, ähnlich wie das Torhaus in Burgebrach, durchschreiten müssen, welche dem Kunigundenweg stadtauswärts folgen wollen.

Ein noch erhaltenes Lagerhaus des für den Personenverkehr stillgelegten Bahnhofs von Schlüsselfeld.

Unser Weg verläuft kurz Richtung Rambach, um dann in die Grabengrundstraße, mit ihrem noch unverbauten Blick auf den alten Stadtprospekt, abzubiegen und an der Stadthalle vorbei die schon erwähnte Reiche Ebrach zu überqueren. Geradeaus unter der Autobahn hindurch, die einem auch im Wald als ein permanentes Rauschen noch längere Zeit im Ohr bleibt, hält man sich Richtung Waldspitze, nimmt dort aber keinen der breiten Wege, sondern einen schmalen Pfad in der Mitte, der einen im Wald sofort auf die Anhöhe hinaufführt.

Dort kann dann auch ein Waldlehrpfad (mit-)begangen werden. Und auf einem der ersten Schilder wird zum Beispiel eine Douglasie beschrieben, auch als Douglastanne oder Douglasfichte bezeichnet, so genannt nach einem schottischen Gärtner und Botaniker namens Douglas. Dieser Baum soll schon vor der Eiszeit in Europa beheimatet gewesen sein, ist dann hier jedoch ausgestorben. Im letzten Jahrhundert wurde er als raschwüchsiger Nutzbaum aus Nordamerika wieder eingeführt. Aber so wichtig einem Interessierten Informationen dieser Art auch erscheinen mögen, man unterliegt dabei doch leicht der Gefahr, Wald und letztlich Natur nur noch als Museum zu begreifen und als bloße kulturelle Leistung mißzuverstehen, die nicht anders als alleinig unter ökonomischen Gesichtspunkten zu betrachten ist und als Teil eines gigantischen Freizeitplans angesehen wird.

Der Kunigundenweg führt nun weiter am *Grabengrund* entlang, von dem gesagt wird, dort seien ein Hund ohne Kopf, ein Pferd ohne Kopf und auch ein Jäger ohne Kopf gesehen worden, die den Leuten das Holzstehlen vergällen sollen. Ähnliches weiß man ja im Schlüsselfelder Stadtwald von einem Amtmann zu berichten. Dann geht es scharf nach links an den „Drei Eichen“ vorbei auf Burghaslach zu, wobei noch vor Burghaslach am Ende des Waldes die Grenze von Oberfranken nach Mittelfranken überschritten wird. Der Kunigundenweg verläuft von Tal zu Tal.

Zum Haslachtal und in den Wald vor Scheinfeld

Wer vielleicht schon beim nahen *Dreifrankenstein* über Grenzen in Franken nachgedacht hat, kann nun beim Eintritt in die Gemeinde Burghaslach bei Fürstenforst vertiefte Überlegungen hierzu anstellen: Man befindet sich, wie schon gesagt, nun endgültig im Regierungsbezirk Mittelfranken, Landkreis „Neustadt a. d. Aisch/Bad Windsheim", wie er seit der Gemeindegebietsreform in Bayern 1972 genannt wird. Auch nach alter fränkischer Sicht beginnt ein neues Gebiet, nämlich der Wechsel vom Volkfeld in den Iffgau – womit sich bereits an dieser Stelle an der Mitte des Kunigundenwegs ein Vorblick in die unterfränkische Ebene außerhalb des Steigerwalds ergibt, in welcher der Kunigundenweg letztlich enden wird.

Die Einteilung in Gaue soll eine fränkische Reichsgliederung gewesen sein, so daß die königlichen Beamten als Gaugrafen in Stellvertretung des Königs selbst unter anderem Gericht halten konnten. Neben den genannten bestanden im heutigen Franken noch der Radenzgau, mit Regnitz und Aisch, sowie der Gau Gozfeld, der Ehegau, der Gollachgau, der Rangau usw. Manche Gaue waren zeitweise übergeordnet, andere untergeordnet. Die Gaueinteilung geht mitten durch den Steigerwald und zeigt – neben den noch älteren Hochstraßen – daß das Gebiet im Innern doch nicht so unerschlossen gewesen sein kann, wie oft angenommen wird. Gerade Fürstenforst und Burghaslach sind sehr alte Siedlungen und für damalige Begriffe schon sehr tief im teilweise ungerodeten Steigerwald gelegen.

Die heutige Zuordnung zum Landkreis Neustadt/Bad Windsheim in Mittelfranken scheint nun aufgrund der alten Orientierung in Richtung Kitzingen etwas abwegig, wie schon einer Zeitschrift des 19. Jahrhunderts zu entnehmen ist. Hier fordert der Pfarrer aus dem nahegelegenen *Markt Taschendorf* im Jahre 1842 den Ausbau der Straße in Richtung Mainbernheim, Kitzingen und Marktbreit (Mainhafen), „zumal schon die Alten, die auch nicht auf den Kopf gefallen waren, die Richtung in den sogenannten Hohen Straßen angedeutet haben, welche wir jetzt nur wieder fahrbar herstellen dürften." (Steigerwaldbote, 7. 5. 1842). Hier hatte sich seit dem frühen Mittelalter die Orientierung nach Westen über die alten Hochstraßen, denen der Kunigundenweg dann teilweise folgen wird, beibehalten.

Ein Gegenargument gegen diese Westorientierung bestünde allerdings in der alten Herrschaftszugehörigkeit des Örtchens Fürstenforst, heute Teil der Großgemeinde Burghaslach: Seit 1687 gehört es zum markgräflichen Bereich, nämlich dem Ansbacher Haus, wobei sich einige Jahre die Verwaltung für Fürstenforst wiederum im fast schon unterfränkischen Westen des Steigerwaldvorlandes befand, nämlich in Uffenheim – vor dem 30jährigen Krieg war der Vogt sogar in Neustadt a.d. Aisch.

In diese Zeit soll auch die Errichtung eines der kulturgeschichtlich wichtigen Häuser des Ortes gefallen sein, nämlich ein Judenhaus mit Judenschule. Das Gebäude liegt am oberen Ortseingang von *Fürstenforst*, nach dem Gasthaus an einem Feldweg, scheint jedoch gegenüber der Beschreibung aus dem Denkmalinventar völlig verändert. Danach soll zum Beispiel das Obergeschoß aus Fachwerk bestehen. Auf dem Dachboden befindet sich ein abgetrennter Raum als „Judenschule", wobei die Südwand mit hebräischen Zierinschriften bemalt ist. Auch sogenannte Frauensitze sollen noch durch die Raumarchitektur erkennbar sein. Bleibt zu hoffen, daß durch Renovierungen dieser Teil unserer Heimatgeschichte nicht äußerlich ausgelöscht ist und wird.

Bevor wir aber richtig in den Ort hineinkommen, liegt gleich linker Hand eine kleine Anlage mit Waldspielplatz und Seelein, Unterstellhütte und Bänken. Der Ortsname Fürstenforst gilt als Hinweis auf die Zugehörigkeit zum Bannwald der Reichsherrschaft, dessen Grenzen Heinrich II. 1023 beschrieben hatte (siehe Limpurger Forst S. 51).

Im Ort dann treffen wir, neben weiteren Denkmälern vor allem des bäuerlichen Lebens (manche sind auch verschwunden), auf den Herrensitz, von dem aus die Bauern damals beherrscht worden sind: das *Schloß Fürstenforst.* Es liegt, durch Bäume leicht verdeckt, auf der linken Seite des Weges. Der Vorhof ist von oben her einsehbar, wenn man nicht der starken Rechtskurve folgt, sondern geradeaus weitergeht. Die gut erhaltenen Wirtschaftsgebäude um den Hof herum deuten eine alte Höhenburganlage an, die dem Schloß selbst, einem massiven Walmdachbau, voranging. Auch die Außenmauern der Wirtschaftsgebäude sind älter, Graben und Wall sind davor noch erkennbar. Nach freundlicher Vorführung der Besitzerfamilie konnten wir im unteren, zweiten Keller über gestampftem Erdboden gewaltige Sandsteingewölbe der früheren Burg erkennen. Hier wurde 1685 nach dem Bericht im Sterberegister der Pfarrei Burghaslach ein neugeborenes Kind tot aufgefunden, wohl von einem armen Mädchen heimlich ermordet. Nun spukt es im Schloß bis zum heutigen Tage ...

Ein schöner Ausblick über das ganze Tal von Burghaslach bietet sich von der Südseite des Schlosses, wenn man vom Kunigundenweg weiter unten, nach einer Obstbaumwiese, links abzweigt. Von hier sahen die ersten Ritter vom alten Adelsgeschlecht der Vestenberger auf den Besitz der Verwandtschaft hinunter, bis zu ihrem Aussterben 1687, wobei Fürsten-

Unten: Aus einem Waldstück zwischen Schlüsselfeld und Burghaslach kommend, taucht der Wanderer in das weiche Sonnenlicht über den Feldern bei Fürstenforst ein.

Rechts: Ein Ausblick über Schlüsselfeld und das Tal der „wasserreichen" Ebrach zum Sommerrangen, eine Erhebung mit Sendemast an der ehemaligen Hochstraße.

forst endgültig markgräflich-ansbachisch wurde (Verschreibung schon 1486), Burghaslach aber an die Grafen von Castell (Hälfte schon 1412 von den Castell entlehnt) kam. Zwischen den Vestenbergern hat es öfter Streit gegeben; so hat etwa 1562 Kunz Christoph von Vestenberg, Bamberger Amtmann zu Oberscheinfeld, seinen Vetter Bernhard ermordet.

Burghaslach selbst war ein viel älterer Besitz des Geschlechts; besiedelt war der Ort sogar schon im 8. Jahrhundert oder früher, worauf der naturbeschreibende Name hinweist: am Wasser (-ach), mit Haselbüschen. Erstmals urkundlich erwähnt wird es allerdings erst 1136, wobei die Urkunde wahrscheinlich im Bamberger Kloster Michelsberg ausgestellt wurde.

Der Kunigundenweg führt am beeindruckend renovierten Pfarrhaus (Würzburger Straße 2, 18. Jahrhundert) vorbei zu einem Schmuckstück, dem Rathaus am Kirchplatz 12, der ehemaligen Schule, erbaut 1819. Geknickte toskanische Eckpilaster zieren den zweigeschossigen Bau.

Die Chorturmkirche, zu der wir durch eine Art Vorhof gelangen, erinnert leicht an den markgräflichen Stil des 18. Jahrhunderts, basiert aber auf viel älteren Resten. 1976 wurden verschiedene Grabplatten im Boden des Innenraums gefunden, deren älteste man an der nördlichen Außenwand angebracht hat (15. Jahrhundert). Die Gründung der Pfarrei liegt wahrscheinlich weit vor der Jahrtausendwende. Beim Neuaufbau von Kirche und Turm 1718–1747 bezogen die Baumeister auch Schiefersteine über Bamberg. Innen fällt der Orgelprospekt von 1740 auf, der einen Orgelneubau von 1903 durch die Firma Joh. Strebel aus Nürnberg enthält.

Das Vestenberg-Castell'sche Schloß zeigt zum Platz hin einen Bau von 1822–26 (Nordflügel 16.–19. Jahrhundert) und befindet sich an der Stelle einer alten Wasserburg. Zusammen mit der Kirche und manch anderen Gebäuden aus dem 18. Jahr-

hundert ergibt sich in Burghaslach ein wertvolles Ensemble, das Atmosphäre von altem Christentum, kleinbarocker Adelsherrschaft und liebenswerter Handwerker- und Bauernkultur in den tiefsten Steigerwald hineinstrahlen läßt. Dabei ist es nicht diese oft verkitschte Fachwerk-Romantik, sondern der heitere, barocke Verputz, der gar nicht so peinlich sauber sein muß, um kunstvolle Genüßlichkeit aufkommen zu lassen. Solche scheinbaren Nebensächlichkeiten, wie das Pflaster auf dem Kirchplatz, tragen auch dazu bei. Die alte Bamberger Straße jenseits der Brücke, wo der Kunigundenweg weitergeht, ist leider schon geteert. Einige besonders prägende Häuser und Keller mit Straßeneingängen – auch an der Neustädter Straße – wurden dort erhalten; so auch in der Fortsetzung des Kunigundenwegs schräg gegenüber der Bamberger Straße die alte Mühle von 1786 in der Mühlgasse. Leider wird hier der Gesamteindruck durch eine neue Haustür(-umfassung) gestört, welche die handwerklich gut gemachte Holztüre des frühen 19. Jahrhunderts ersetzt.

Auf der anderen Straßenseite finden wir zwischen den Hausnummern 19 und 21 einen schmalen, etwas schwierigen Zugang hinauf zum alten Judenfriedhof mit einem Leichenhaus aus dem 19. Jahrhundert und einigen interessanten Grabsteinen. So zeugt diese Anlage von der jüdischen Kultur in Franken, während die ehemalige Synagoge Neustädter Straße 1 kaum mehr zu identifizieren ist. Die letzten verbliebenen Rundbogenfenster auf der Nord- und Südseite sollten unbedingt erhalten bleiben. Am 10. November 1938 ist sie ausgebrannt, danach wurde sie wiederholt stark verändert. Ebenso zeigt eine ehemalige israelitische Schule, die man 1968 einer Veränderung unterzog, unter welchem besonderen Schutz der Grundherrschaft sich in Fürstenforst und Burghaslach – also auf überblickbarem Raum – die jüdische Kultur hat entwickeln können. In Burghaslach erinnert man sich noch ausführlich der jüdischen Vertreibung 1938, die aber nicht vom Ort selbst, sondern von benachbarten Terrorgruppen ausgegangen sein soll. Die brennende Synagoge ist am 10. November 1938 sogar von der Burghaslacher Feuerwehr gelöscht worden, und der Bürgermeister wollte sich anfangs der Zerstörung widersetzen. Andererseits wurde das niedergebrannte Gotteshaus von einem örtlichen NSDAP-Funktionär als Werkstatt genutzt.

Wir verlassen Burghaslach über die Mühlgasse. Über die Neustädter Straße kämen wir nach fast drei Kilometern nach *Breitenlohe*, wo sich in einem Schloßturm kulturhistorisch bedeutsame Ritzzeichnungen von ehemaligen Gefangenen erhalten haben (aus dem 16. Jahrhundert!). Ein Sinnspruch beginnt mit den Worten:

Die ehemalige Schule in Burghaslach ist ein kleines barockes Schmuckstück. Jetzt wird das Gebäude als Rathaus genutzt.

Nicht nur Marienbilder – auch Luther und Melanchthon sind im Steigerwald zu finden. In der evangelischen Pfarrkirche zu Burghaslach können die Porträts der Reformatoren besichtigt werden.

Der mensen leben jn diser /
welett ist wie ein pllüt auff /
den vellt was ist wen du llang /
lebst und njht nach der selgenn / keit strest …

Diesen Gedanken im Herzen gelangen wir in die freie Flur des breiten *Haslachtals*, im Frühjahr voll mit von Blüten übersäten Wiesen. Die Breite des Tals hat nicht die kleine Haslach geschaffen, sondern wahrscheinlich der Arm eines größeren Flußsystems, genannt „Ur-Aisch“, nach dem weiter südlich fließenden Fluß. Dieses Flußsystem kam aus der Maingegend und strömte über Neustadt/Aisch in die Donau, wobei die breiten Täler der heute kleineren Bäche entstanden, die ja nun östlich in die Regnitz fließen.

Der Kunigundenweg führt uns kurz vor Unterrimbach an einem angelegten Feuchtbiotop vorbei. Die Vogelwelt ist an den Büschen recht reichhaltig, auch größere Greifvögel haben sich enorm vermehrt. In *Unterrimbach* wurde mancher alte Stall modernisiert, aber besonders urtümlich wirkt eine alte Scheunenmauer mit kleinem Fensterloch, zu sehen auf der rechten Seite, wenn man auf der Autostraße von Oberrimbach in den Ort hereinkommt.

Der „Sammler“ von Chorturmkirchen kann vielleicht noch einmal einen eigenen Ausflug nach dem fünf Kilometer südlich gelegenen *Markt Taschendorf* unternehmen (Anfang 15. Jahrhundert). Wenn er aber auf dem Kunigundenweg weiterwandert, gelangt er zu einem anderen Exemplar dieser Spezies und zugleich einem Höhepunkt der Verbindung von Kultur und Landschaft, was uns so sehr bewegt: die alte Kapelle von *Kirchrimbach*. Aus welcher Himmelsrichtung man auch immer sich nähert – in jedem Fall beeindruckt der urtümliche Bau mit seiner leuchtend roten Farbe auf einem runden Hügel aus Schilfsandstein. Auch wenn das Fachwerk des Chorturms unmittelbar an ein profanes Gebäude denken läßt, bleibt doch immer die Ausstrahlung einer kultischen Stätte vorherrschend. Was mag sich in vor- und frühgeschichtlicher Zeit auf dem Hügelchen befunden haben? Es scheint geradezu prädestiniert für frühere Kult- oder Befestigungsplätze. Schon römische Befestigungen sind darauf angenommen worden, jedenfalls kann wohl mit frühmittelalterlichen Anlagen gerechnet werden. Der älteste Teil ist der quadratische Turm über dem Altarraum, wahrscheinlich noch ein Teil der 1336 genannten Kapelle. Das Fachwerk allerdings wurde erst 1681 auf die ca. 1,15 Meter dicken Grundmauern aufgesetzt, die sich im Innern noch zu einem gotischen Gewölbe vom Boden bis zu einem mittleren Schlußstein verstärken. Drei Schlitzfenster stoßen wie Schießscharten nach außen durch. Der Turm geht in gleicher Breite in das Langhaus über, das aber erst 1731/32 neu aufgerichtet wurde. Im Innern (Schlüssel im Haus Nr. 23) beeindruckt die magische Heiligkeit des Altarraumes, der um eine Stufe erhöht ist.

Heute wird oft von der „Schiestl-Kirche“ gesprochen, da sie als Motiv einem Bild des damals in München ansässigen Malers Matth. Schiestl (1869–1939) zugrunde liegt. Er wanderte 1897 durch den Steigerwald und pflegte einen aufs Urtypisch-Bäuerliche abhebenden Stil, dem besonders die Kirchrimbacher Mauritius-Kapelle entsprach.

Bei der Betrachtung des Ortes Kirchrimbach fallen natürlich wieder Bamberg-Beziehungen auf: 1125 kaufte Bischof Otto von Bamberg den Ort „Rintpach“ (Rinderzucht) vom Abt von Hirsau und übergab ihn dem Kloster Michelsberg. Ein Jahrhundert später gelangt er teilweise in Vestenberger und nach der Herrschaft der Münster 1763 in Casteller Besitz. Letztere trugen noch 1903 zu einem größeren Neubau für die eigenständige evangelische Pfarrei bei, dessen maßgerechte Neugotik seine eigene kunstgeschichtliche Bedeutung hat und nicht als unzeitgemäße Nachahmung verurteilt werden darf.

Der Ort *Oberrimbach* liegt mit seinem Ortskern schräg gegenüber von Kirchrimbach auf der anderen Seite des Tals. Am Ortseingang, von Burghaslach kommend, fällt einem ein breites, hallenförmiges Gebäude auf. Wenn man dabei an ein weiteres Zeugnis der Industriegeschichte denkt, liegt man gar nicht so falsch. Zwar wurden hier keine Gebrauchsgegenstände gefertigt, aber doch etwas heute alltäglich Notwendiges produziert: Es ist ein stillgelegtes Elektrizitätswerk. Um 1915 von privater Hand gegründet, wurde der Generator zunächst durch eine Windturbine angetrieben, die später von einem Motor ersetzt wurde. Weil mehr und mehr Ortschaften die dort erzeugte Energie nutzen wollten, mußte das Werk vergrößert werden. Schließlich wurde es aus Gründen der Wirtschaftlichkeit ins größere Leitungsnetz der Umgebung integriert und diente noch eine Zeitlang als Schaltzentrale.

1125 wird Oberrimbach, wie Kirchrimbach auch, vom Bamberger Bischof Otto dem Kloster Michelsberg geschenkt. Und natürlich gab es auch hier im Laufe der Jahrhunderte wechselnde Besitzverhältnisse. So kamen Oberrimbach und das benachbarte Burghöchstadt nach 1687 unter Würzburger Herrschaft. Die katholische Kapelle St. Sebastian – eine Figur des Heiligen ist in der Kirche zu finden – wurde 1828–1830 erbaut, wobei sich das Fürstenhaus Schwarzenberg an den

Sonnenuntergang über dem Haslach- und Rimbachgrund. Geologen vermuten, daß die weiten Bachtäler durch das vorgeschichtliche Flußsystem der „Ur-Aisch" entstanden sind.

Kosten beteiligte. Aber schon aus dem Jahr 1611 ist eine frühere Kapelle bekannt.

Der Kunigundenweg streift Oberrimbach nur und läuft dann, ein wenig am Waldrand entlang mit der Aussicht aufs Tal, nach *Rosenbirkach*, dessen Name aber weniger mit Pflanzen als mit Tieren zu tun hat und etwa als ein kleiner Birkenwald, der an einem Roß-Bach steht, zu erklären ist. In früheren Jahren wechselte hier das Schankrecht von Familie zu Familie. In jedem Jahr lag es auf einem anderen Haus, wo dann die Wohnstube zur Schankstube wurde. Am 20. Februar 1846 erfolgte jedoch ein Vertragsschluß zwischen der in Rosenbirkach wohnenden Familie Hahn und der Gemeinde, der der Familie das alleinige Schankrecht übertrug gegen eine Summe von 165 Gulden.

Folgen wir dem Weg weiter, gelangen wir, an einigen Weihern vorüber, sehr rasch zum Wald, in dem eine größere Strecke ohne direkte Ortsberührungen bis Scheinfeld zurückgelegt wird; das heißt aber nicht, daß keine Abstecher möglich sind, sofern man mit einer guten topographischen Karte ausgestattet ist. Wer es allerdings liebt, lange Zeit ziemlich ungestört durch den Wald zu gehen, kommt da gewiß auf seine Kosten.

Nach einer kurzen Strecke bereits befindet man sich auf einem breiteren Schotterweg, der an einigen Lichtungen vorbeiführt und so schnell nicht mehr verlassen wird. Rechts im Wald, wo wir die Straße nach Seitenbuch überqueren, entspringt eine Quelle, *Schloßbrunnen* genannt, 2100 Meter westlich von Rosenbirkach und 1500 Meter nördlich von Seitenbuch. Dort befand sich die *„Plank"*. Die Gemarkungen Hinterer und Vorderer Schloßberg grenzen den Bereich näher ein, in dem ehedem ein Vestenbergisches Schloß vorhanden war, 1414 dem Kilian von Vestenberg gehörend, aber schon im Jahrhundert vorher urkundlich erwähnt (1341). Es war von einem Graben umgeben, der aus dem Schloßbrunnen gespeist wurde. Das Schloß lag an dem nach Osten abfallenden Schloßberg und hatte wohl auch eine Vorburg; einige Bauernhöfe gehörten dazu und Holzbesitz. Aber schon vor 1489 muß der Verfall begonnen haben, und 1665 wird das Schloß nur noch als „Steinhauff" bezeichnet. Und die „Plank" ist nicht das einzige verschwundene und von den Wäldern überwachsene Besitztum, das am Wege liegt.

Dieser Weg führt jetzt kontinuierlich bergauf. In einer engen Kehre der Waldstraße nach rechts zweigt er links ab und verläuft kurz als schmaler Pfad, um dann sofort wieder nach links die Richtung zu wechseln, erneut in einen breiteren Weg einmündend. Dieser bleibt schließlich auf der Höhe, die in den Karten mit 433, 437 oder 441 Metern angegeben wird. Er macht einen weiten Bogen dabei. Gut eineinhalb bis zwei Kilometer entfernt nach *Oberscheinfeld* hin liegt übrigens noch eine Ruine, namens *Scharfeneck*, die ursprünglich der Bamberger Fürstbischof Leupold II. von Egloffstein einem Ritter Johann von Dachsbach als Lehen gab (1339). Auch diese Burg war bereits im 16. Jahrhundert baufällig.

Der Kunigundenweg wird in dieser Gegend – vor allem im Sommer – langsam immer verwachsener; er überquert den ausgebauten Waldweg nach Erlabronn, geht zwischen Seitenbuch, das noch zu Burghaslach gehört, und Erlabronn hindurch, kommt zur Fahrstraße nach Scheinfeld und bleibt dann (leider) eine Zeitlang darauf; er führt an der sogenannten *Einsiedelei* vorbei, die zum Schwarzenberger Besitz gehört und früher ein Haus für den Waldaufseher war, aber nebenbei auch als Rastplatz und als Ausflugsziel der Scheinfelder genutzt wurde. Schließlich verschwindet der Kunigundenweg rechter Hand wiederum im Wald, und damit in einem der vielleicht leisesten Abschnitte. Er wird zu einem schmalen Pfad, der sich immer an die oberen Höhenlinien hält. Gerade hier wird der starke Laubwaldanteil des Steigerwaldes sehr deutlich.

St. Mauritius in Kirchrimbach: eine der am malerischsten gelegenen urtümlichen Kirchen im Steigerwald.

Die Innenansicht der St.-Mauritius-Kirche zeigt, daß der Turm in seiner ganzen Breite in das Langhaus übergeht.

Nun mag, wie gesagt, ein Wanderer das ungestörte Dahingehen bevorzugen; er kann sich aber auch zusätzlich Stationen auswählen, also die kleineren Ortschaften aufsuchen, die am Rand des Waldes liegen: die bereits genannten Orte *Seitenbuch* mit dem ehemaligen Castellschen Forsthaus aus der Zeit um 1800, *Erlabronn* mit seiner 1766–67 erbauten Heilig-Kreuz-Kirche und seinem ehemaligen Rittersitz und Gutshof, von dessen alter Bebauung jedoch nur der Speicherbau und der Eckturm erhalten sind (17. Jahrhundert), oder *Zeisenbronn*, das mit seinen 373 Metern Höhe Landschaftseinsichten ermöglicht.

Sollte er sich dennoch entschließen, die ausgedehnte Waldstrecke lieber allein und abgeschieden zu begehen, so sei „Vorsicht" angeraten, daß er nicht auf die Rufe des „Hemannes" hört. Ein Bauer, so der ermahnende Charakter der Sage, beachtete einen hohen kirchlichen Feiertag nicht und holte Holz aus dem Wald, trotz der Warnung seiner Nachbarn, die er mit dem Satz: „Was kann mir da passieren, he, he?", beantwortete. Er starb bald darauf. Doch er findet keine Ruhe und geht als Wiedergänger in den Wäldern um und ruft: „He!

Als ein eher seltenes Beispiel für Industriegeschichte ist das ehemalige Elektrizitätswerk in Oberrimbach anzusehen.

He!". Eine leichtgläubige und sagenverhaftete Seele aber, die ihm antwortet, verirrt sich gnadenlos. Zwar können ihn angeblich nur die mit ihm verwandten Nachfahren hören, und das nur zur Oster- und Adventszeit; doch ob er sich immer daran hält?

Je näher wir Scheinfeld und dem Schloß Schwarzenberg kommen, desto häufiger lassen sich blau-weiße Markierungspfähle entdecken, die anzeigen, daß es sich um *Schwarzenberger Wald* handelt. Und ehe man zum Schloß hinabgelangt, das selbst noch auf einer Anhöhe steht, trifft man auf einen einladenden Stufen-Weg, als wollte sich der Wald in einer Parkanlage auflösen. Will der staunende Betrachter aber exakt dem angegebenen Kunigundenweg folgen, muß er statt dessen vorher einen kleinen, zusätzlich eingeplanten Winkel begehen, auf einen trigonometrischen Punkt zu, der selbst wieder ein wenige Kubikmeter umfassender Hügel ist, mit der Höheneintragung 421,4. Im Winter, wenn den Bäumen und Büschen das Laub fehlt, mag die Aussicht nicht schlecht sein.

Nach einem langen Weg durch waldreiches Gebiet weisen die einladenden, parkartigen Stufen auf das nahe Schloß Schwarzenberg hin.

Bevor Schloß Schwarzenberg betreten wird, bietet sich Klosterdorf zur Besichtigung an, besonders die Klosterkirche. *Klosterdorf* ist eine Niederlassung der Franziskaner-Minoriten und gehört seit 1866 zu Scheinfeld; davor gehörte der Ort mit dem Kloster zur Nachbargemeinde *Thierberg*. Als Klosterdorf noch nicht bestanden hat, befand sich dort ein Eichenwald mit einem Marienbildnis an einem der Bäume. An dieser Stelle ließ im Jahr 1670 Maria Justina von Schwarzenberg eine Maria-Hilf-Kapelle erbauen. Das Dorf, welches um die Kapelle entstand, nannte man „Kapellendorf". Erst als nach 1700 ein Kloster errichtet wurde und die Franziskaner, aus Scheinfeld kommend, eingezogen waren, änderte sich der Name. 1735 war die große Wallfahrtskirche nach Plänen von Balthasar Neumann fertiggestellt. Ihr folgte 1745 der Anbau einer neuen Gnadenkapelle, die, betritt man heute die Kirche, über seitliche Durchgänge rechts und links vom Hochaltar zu erreichen ist. Leider vernichtete 1960 ein Großfeuer, ausgelöst durch einen Kurzschluß, das Kirchendach und die Konventbauten. Beim Neuaufbau wurden jedoch erhaltene Bauteile aus dem 18. Jahrhundert wiederverwendet.

Auch Goethe kann hier erwähnt werden, der sein Schauspiel *Götz von Berlichingen* in einer Herberge bei Schwarzenberg in Franken beginnen läßt. Das vor dem Hintergrund des Bauernkriegs (1524/25) spielende Theaterstück, welches 1774 in Berlin uraufgeführt wurde, bezieht als einen Hauptschauplatz auch Bamberg mit ein, weil Götz in Fehde mit dem Bamberger Bischof liegt. Der zweite Hauptort ist Götz' Burg im Jagsttal (siehe S. 47f.).

Schloß und Fürstenhaus Schwarzenberg

Wenn man an bedeutende Schlösser in Franken denkt, dann fallen einem vielleicht die Residenzen zu Würzburg, Bamberg und Pommersfelden ein, spricht man von einer Burg, so nennt man vielleicht zuerst die Nürnberger oder Kulmbacher Denkmäler. Am wenigsten gedenkt man wohl des südwestlichen Steigerwalds bei Scheinfeld. Und dennoch ist Schloß Schwarzenberg über Scheinfeld kunstgeschichtlich eine der bedeutensten Burg- bzw. *Schloßanlagen* in Franken und durch das damit verbundene Fürstengeschlecht, das heute noch besteht und dies alles besitzt, ein Ort von kulturgeschichtlicher Bedeutung im europäischen Rahmen. Es handelt sich um dieselben Schwarzenberger, die das gleichnamige Palais in Wien heute noch besitzen und die österreichisch-deutsche Geschichte im 19. Jahrhundert mitbestimmten.

Wir betrachten zunächst aber die Gebäude des Schloßkomplexes, um dann auf die Geschichte der Fürstenfamilie einzugehen. (Zur Besichtigung siehe S. 71/Situationsplan S. 72.)

Schon beim Eintritt durch das erste, obere Tor gewinnen wir den Eindruck von einer stattlichen Anlage. Es handelt sich aber erst um Nebengebäude aus dem späten 18. Jahrhundert; links (mit dem Tor im Rücken) liegt der „Große Beamtenbau“, für die Zwecke der Verwaltung, zum Beispiel der Wälder, errichtet. Rechts der Brauereiflügel, mit dessen interessantem Eiskeller der Nürnberger Baumeister Trost ca. 1686 begonnen hat. Die heutige Gestalt entspricht dem späten 18. Jahrhundert. Leider wurde die alte Schloßbrauerei 1956 stillgelegt (seit 1504), obwohl ihr Bier sehr gut gewesen sein soll.

Von großen Bäumen noch erhoben steht der Besucher dann vor der Nordost-Fassade des eigentlichen Kernschlosses, die aber nicht die Hauptfassade ist. Die repräsentativen Ansichten bieten sich vielmehr von Süden, also der Stadt Scheinfeld, oder von Osten, der hinunterführenden Schwarzenberger Straße her. Besonders von der Stadtseite aus hat er nun den Eindruck eines bunten Stilgemisches, in dem er sich zuerst wohl nur sehr schwer zurechtfindet. Die Orientierung ist jedoch relativ einfach. Von der mittelalterlichen Erscheinung ist nicht mehr viel zu sehen, obwohl fast alle Grundmauern (auch die der Türme) aus dieser Zeit stammen können. Die Außenmauern der oben genannten Nordost-Fassade, das rechts anschließende Gebäude nach Westen hin sowie der Unterbau des lustig-spitzen „Hungerturms“ ganz vorne am Abhang, sind möglicherweise dem Mittelalter zuzurechnen. Neben der Ummauerung hatte eine Burg damals einen Bergfried (Turm), heute der „Schwarze Turm“ als prächtigster Aufsatz, und einen Palas, heute der „Rollsaalbau“ an der Nordwestseite (nicht von der Schwarzenberger Straße oder von Süden aus sichtbar). Das ganze Schloß, wie es heute als Mischung erscheint, ist hauptsächlich im Renaissance-Stil des 17. Jahrhunderts, in zwei Phasen, entstanden. Allerdings hat es Johannes der Starke zu Schwarzenberg schon 1518 neu aufbauen lassen, jedoch wohl hauptsächlich als Restaurierung des mittelalterlichen Bestands. 1923/24 wurde folgende Inschrift gefunden:

Ein südländisch wirkender Glockenturm am „Kleinen Beamtenbau" in der Schwarzenberger Schloßanlage.

Ich Johannes Herr zu Swartzenbergk
zu grund brach ab hy alle wergk
Gantz new, zur vest, grub schutt und pawt
Dan mir vor gwalt und unrecht grawt
Bit got mir und mein erben geben
darin on unrecht fridlich leben
Fünfhundert Tausend zehen acht
Zelt man, als ich den anfang macht
vor untrew fleissig hutt und wacht.

Das entscheidende Ereignis war dann der große Brand von 1607. Nach dieser Zerstörung ließ Graf Wolf Jakob zu Schwarzenberg von Elias Holl, dem berühmten Augsburger Stadtbaumeister, Entwürfe für einen Neubau anfertigen. Die prägende Bauausführung erhielten aber die Nürnberger Baumeister Jakob Wolff Vater und Sohn, die den Bau bis 1618 fertigbrachten – zum Beginn des Dreißigjährigen Krieges. Vor allem Elias Holl muß versucht haben, auf eine Einheitlichkeit und Zusammenfassung des Erscheinungsbildes hinzuarbeiten, was unserem ersten Eindruck nicht entspricht, da vor allem die vielen Türme und „mittelalterlich" wirkenden Bastionen (17.–19. Jahrhundert, nur im Unterbau Mittelalter) die Klarheit der Fensterlinien durcheinanderbringen. Im Innenhof allerdings kommt dieses Streben nach Einheitlichkeit besser zum Ausdruck. Besonders der hier entstandene Schwanenturm, der einen Schwan als Turmaufsatz trägt, soll ein Werk Holls sein.

1615 wurde die neue Schloßkirche am Hungerturm eingeweiht, die auch für die katholische Bevölkerung des zeitweise evangelischen Umlandes Mittelpunkt sein sollte. Der Hochaltar prunkt mit einem Stuckmarmoraufbau „im Stil des Florentiner Manierismus" (Dehio). Besonders interessiert uns das Kruzifix der Riemenschneider-Schule, das würdigen Ernst ohne Verquältheit ausdrückt.

Nachdem im Dreißigjährigen Krieg das Schloß durch die Schweden besetzt und geplündert worden war, begann Johann Adolf I. in der Mitte desselben Jahrhunderts mit weiteren bedeutenden Baumaßnahmen und besonderen Verzierungen

Fensterverzierung im Innenhof des Hauptgebäudes.

des damals recht gleichmäßigen Renaissancebaus. Ab 1654 ließ er den alten Burgpalas zum „Rollsaalbau“ umbauen, die Westfront und den prächtigen Südosttrakt (parallel zur Schwarzenberger Straße, mit vier Giebeln und Erkern) neu befenstern und die Innenausstattung bereichern: Als Höhepunkt befinden sich im 2. Obergeschoß des Südosttraktes zwei Säle mit großen Kassettendecken, die Johann Adolf I. mit Ölgemälden des Niederländers Wilhelm van der Creutz ausstatten ließ, was uns dieses ganze Renaissance-Schloß nun wirklich in einem südländisch-venezianischen Licht sehen läßt; so auch die Turmhaube des großen Schwarzen Turms und vor allem den „Campanile“ (Uhr- und Glockenturm) an der südöstlichen Außenmauer (mit Balustrade).

Ein Löwenmotiv, nämlich Samson als Löwenbezwinger, finden wir in einem Deckengemälde des Saals, der an den Schwarzen Turm anschließt (äußerstes linkes Feld, an der Hangseite); sonst sind viele Frauen- und Liebesmotive dargestellt: Europa, Andromeda, Venus, Bathseba, Eva, Judith und andere, teils mit „Partner“ (Holofernes, Haupt abgeschnitten).

Schließlich ließ Johann Adolf I. noch das Wahrzeichen aufrichten, eben den Schwarzen Turm (1674) an der Stelle des mittelalterlichen Bergfrieds, als Hinweis auf den nun erhaltenen Fürstentitel für Geschlecht und Grafschaft.

Die Schauseite (Westen) des Schlosses Schwarzenberg von der Schwarzenberger Straße in Scheinfeld aus.

Im späten 18. bzw. 19. Jahrhundert folgen schließlich der „Kleine Beamtenbau“ auf der Mauer zur Schwarzenberger Straße hin und vielerlei Stützmauern zur Sicherung des Bestandes.

Die *Fürstenfamilie* entstammt dem reichsritterlichen, urfränkischen Geschlecht der Seinsheim, aus denen Erkinger I. Anfang des 15. Jahrhunderts Schwarzenberg erwarb. Seine Nachfahren nannten sich schon nach dieser Burg. Von überregionaler Bedeutung ist dann Johann der Starke von Schwarzenberg (1463–1528), der nicht nur körperlich, sondern auch geistig „stark“ gewesen sein soll: Als hoher bischöflicher Beamter in Bamberg verfaßte er die „Bamberger Halsgerichtsordnung“ (1507), eines der bedeutensten Werke der Rechtsgeschichte am Beginn der Neuzeit. Auch wenn darin manchmal ganz schauerlich ausgebreitet wird, welch mannigfaltige „Untaten“ mit Folter und Tod bestraft werden sollen (z. B. Zauberei), wurden damit doch erst einmal noch willkürlichere Exzesse der Strafverfolgung in geordnetere Bahnen gelenkt – nur leider wurde diese Ordnung durch die Constitutio Criminalis Carolina noch in Zeiten hinein tradiert, in denen man schon längst human geordnete Bahnen des Rechtswesens hätte aufbauen können. Die Schwarzenbergstraße in Bamberg ist nach Johann von Schwarzenberg benannt. Seine Frau hieß Kunigunde, geborene von Rieneck, ihr dritter Sohn Paulus war Domherr in Bamberg und liegt dort begraben. Sein Vater Johann der Starke liegt auf dem Johannisfriedhof in Nürnberg. In seine Zeit fiel noch der Bauernaufstand, dem aber die Burg Schwarzenberg als eine der wenigen Herrschaftssitze in Franken nicht zum Opfer fiel. Als Erinnerung an die Standhaftigkeit der Burg 1525 gelten die zwei Steinkugeln am kleinsten Turm der Wehrmauer, dem Bauernturm. Ein besonderer Aufstieg der Schwarzenberger war die Erhebung des Nachfahren Johann von Schwarzenberg in den Reichsgrafenstand 1566. An diese Zeit erinnert noch ein Kelch in der Schwarzenberger Schloßbibliothek mit der Inschrift: SGZSGRVB – Sabina Gräfin zu Schwarzenberg geborene Reuß von B(P)lauen.

Die bedeutenden Bauten im Renaissance-Stil leitete, wie schon erwähnt, Graf Wolf Jakob ein (gestorben 1618). Seine Bibliothek umfaßte damals 350 Bände.

Der Nachfahre Georg Ludwig Graf zu Schwarzenberg erbte erstmals Besitz in der Steiermark (Murau) – wieder eine Verbindung Frankens mit *Österreich*. Zu dem Besitz kam später noch das steiermärkische Schrattenberg, auf das wohl die Reichmannsdorfer Schrottenberg zurückgehen. Weitere historische Beziehungen Frankens zu Österreich sind ja auch durch die Schönborn und das Hochstift Bamberg begründet worden.

Unten: Deckengemälde im Schloß Schwarzenberg von Wilhelm van der Creutz aus dem Jahr 1658: Salomo und die Königin von Saba.

Rechts: Der Schwarzenbergplatz mit dem Denkmal von Fürst Karl I. von Schwarzenberg in Wien.

Fürst Johann Adolf I (1615–1683) dehnte diese Besitzungen dann auch noch weiter – vor allem nach Böhmen hin – aus, so daß die Schwarzenberger bis heute ein bedeutendes Geschlecht auch dieses Landes geblieben sind. Zu seiner Zeit kam auch *Marktbreit* am Main in Schwarzenberger Besitz, weil sich dort ein Handelshafen einrichten ließ. Ein Kranbauwerk mit Wappen befindet sich noch am dortigen Mainufer. Schon vorher erwarb sich die Familie zunehmend mehr Verdienste in kaiserlichem Auftrag. So erbaute Fürst Adam Franz schließlich 1716 das bekannte *Palais Schwarzenberg* in *Wien*, das von Lucas von Hildebrand begonnen und durch Fischer von Erlach vollendet wurde. Der Garten des heutigen Hotels wurde von Eichendorff gelobt und gehört zum Geschichtsbewußtsein der alten Wiener. Tragisch war der Tod von Adam Franz: Er wurde bei der Jagd 1732 durch Kaiser Karl VI. versehentlich erschossen. Er liegt in der Familiengruft bei den Augustinern zu Wien begraben. Verständlicherweise waren dann die Nachfahren besondere Schützlinge der folgenden Kaiser. Fürst Karl I. schrieb sich als Oberbefehlshaber der verbündeten Heere in die Geschichtsbücher ein, da er 1813 in der Völkerschlacht bei

Leipzig gegen Napoleon siegte. Sein Denkmal finden wir auf dem Schwarzenbergplatz in Wien.

Sein Sohn Felix hatte nach Metternich im österreichischen Kaiserreich alle Macht in Händen und muß auch dunklere Kapitel dieser Geschichte mitverantworten: Die aufständischen Bürger in Wien 1848 hat sein Schwager, Fürst Windisch-Grätz, auf den Straßen und Plätzen vom Heer einfach „zusammenkartätschen" lassen. Mit dieser Macht des Heeres hat von 1848 der General Felix von Schwarzenberg in Österreich als Ministerpräsident regiert. Eine Antwort auf die wirtschaftlich katastrophale Lage Wiens war diese Neuauflage eines zentralistischen Absolutismus natürlich nicht. Die Lage in Wien war andererseits so chaotisch, daß es bereits zu blutigen Auseinandersetzungen zwischen Bürgern und Arbeitern gekommen war; denn sowohl Bürger als auch Intellektuelle stellten sich plötzlich gerne auf die neue, autoritäre Führung ein.

Konservativ, aber in einem progressiveren Sinne, war der Bruder von Felix, Kardinal Prinz Friedrich von Schwarzenberg, 1836 Erzbischof von Salzburg, 1850 Erzbischof von Prag. Beim I. Vatikanischen Konzil war er ein Zentrum des Widerstands gegen die Erklärung der Unfehlbarkeit des Papstes. Auch wenn sich Papst Pius IX. mit geschickter Kirchenpolitik gegen die angesehenen Bischöfe und Kardinäle der Opposition durchsetzen konnte, hat Kardinal Schwarzenberg nie an die neuen Dogmen geglaubt und dieses von niemandem gefordert – er wagte aber auch nicht offen zu widersprechen. Noch nach über hundert Jahren gilt er vielen Gläubigen als Mann des Gewissens im Glauben, der als Sproß eines alten Hauses mit großer Vergangenheit sehr wohl Traditionen erkennen konnte.

Mit die größte Heimsuchung bedeuteten auch für das Haus Schwarzenberg die Zeit des Nationalsozialismus und der Zweite Weltkrieg. Heinrich Prinz zu Schwarzenberg wurde von diesen sogenannten Nationalisten verhaftet und kam ins Konzentrationslager Buchenwald. Er hat es aber überlebt und konnte 1949 das unter anderem von amerikanischen Besatzungstruppen verwüstete Schloß wieder in Besitz nehmen. Seit 1951 befindet sich darin noch eine Schule.

Der Nachfolger im Besitz von Burg und Palais Schwarzenberg, Erbprinz Karl, geboren 1937 in *Prag*, mußte zwar 1948 die böhmischen Besitzungen verlassen, konnte aber 1990 als Präsidentenberater auf den Hradschin zurückkehren. Der nunmehr böhmische Kanzler mit der schweizerischen und der österreichischen Staatsbürgerschaft fühlt sich als echter Europäer. Wenn er einmal nicht in Wien oder Prag, sondern in Schwarzenberg bei Scheinfeld anwesend ist, wird am Schloß die blau-weiße Fahne aufgezogen.

Deckengemälde: Judith mit dem Haupt des Holofernes.

Scheinfeld, Markt Bibart und der Bauernkrieg

Um von Schloß Schwarzenberg hinab nach *Scheinfeld* zu gelangen, denn der Kunigundenweg führt durch die Stadt, ist im mittleren Schloßbereich (Großer Beamtenbau) linker Hand ein Tor zu durchschreiten, das einen auf eine steile, gepflasterte Auffahrt gelangen läßt. Der Wanderer kann aber ebenso ein Stück weit die Fahrstraße nach Scheinfeld nehmen und dann, am Ende einer den Schloßbezirk umschließenden Mauer rechts, an den alten Schloßgärten vorbei, über einen eingewachsenen Weg von außen zur genannten hinteren Schloßauffahrt gelangen. Das ist der „heimlichere" Weg.

Am unteren Ende der Auffahrt, beim versteckt liegenden Johannes-See, betreten wir praktisch die Stadt, die hier mit einer langen Allee, mit Villen, Felsenkellern und einer Kapelle beginnt, als wollte sie für das Schloß einen passenden Rahmen bieten. Tatsächlich handelt es sich bei dieser Lindenallee mit den umgebenden Bauten um ein Ensemble, das in seinen Ursprüngen bereits im 17. Jahrhundert bewußt als optische Hindeutung auf das Schloß konzipiert wurde. Die Kapelle (1842) an dieser Straße (Schwarzenberger Straße) ist dem heiligen Sebastian geweiht (Relief von 1677). Von der Schwarzenberger Straße aus gelangt man auf der linken Seite auch zum alten Teil des Friedhofs, 1583 angelegt. Vorher befand sich der Friedhof – wie üblich – an der Pfarrkiche. Die Friedhofskapelle St. Jodok(us) schließlich stammt aus dem Jahr 1605/06. Jodok war der Sohn des bretonischen Königs Juthaël. Sein Geburtsjahr ist nicht bekannt. 640 jedenfalls wurde er Priester und 644 entschloß er sich, als Einsiedler zu leben. Er gilt als Patron der Pilger und Schiffer. Vermutlich im Jahr 669 ist er gestorben. Seit dem 9. Jahrhundert wird er in Deutschland verehrt. Links, am unteren Teil der Straße, bevor der Kunigundenweg das Stadttor passiert und in den Altstadtbereich kommt, steht das ehemalige, um 1800 erbaute Gerichtsgebäude. Auch das Haus Schwarzenberger Straße 26 beherbergte das Amtsgericht, und das Haus mit der Nummer 28 war einmal das Gefängnis (beide um 1900).

Scheinfeld ist wie viele Orte am Weg sehr alt. Und um das zu belegen, greifen Heimatforscher gern auf alte Urkunden zurück, und da wird Scheinfeld im späten 8. Jahrhundert als „scegifeldon" erwähnt. Das Stadtrecht wird 1415 verliehen. Damit einhergehend wurden Befestigungsanlagen errichtet: ein Mauerring und Tortürme. 1462 wird vieles davon im Krieg, den der Würzburger Bischof Johann von Grumbach gegen den Markgrafen Albrecht Achilles führte, wieder zerstört und danach erneut aufgebaut. Reste der Stadtbefestigung – im 19. Jahrhundert hat man sie weitgehend abgetragen – und der Obere Torturm aus dem 17. Jahrhundert sind noch erhalten.

Die Stadt Scheinfeld stand sogar einmal unter schwedischer Herrschaft, nämlich 1631–1634. Überhaupt wurde sie im Dreißigjährigen Krieg, der in der Umgegend viele Wüstungen hinterlassen hat, also verlassene und zerstörte Siedlungen, mehrfach von kaiserlichen und schwedischen Truppen geplündert.

Sehenswert sind auch so manche Bürgerhäuser. Den Auftrag für den Bau der barocken Pfarrkirche Mariä Himmelfahrt (1771), die an der Stelle einer baufälligen spätgotischen Wehrkirche steht, erhielt der Würzburger Baumeister Johann Philipp Geigel, ein Nachfolger Balthasar Neumanns. 1794 wurde die Pfarrkirche, als auch deren Ausstattung vollendet war, konsekriert; aber noch bis über die Mitte des 19. Jahrhunderts hinaus mußte die Pfarrgemeinde als Bauherrin die letzten Kredite für den Kirchenbau zurückzahlen. Der Bamberger Bildhauer Franz Martin Mutschele hat den Hochaltar, die Seitenaltäre und die Kanzel als eine geschlossene Einheit geschaffen. Ein noch vorhandenes Kreuz aus dem Vorgängerbau wird der Schule des Veit Stoß zugerechnet.

In Scheinfeld gab es zudem eine jüdische Gemeinde – mehr als 20 jüdische Familien –, die etwa bis 1941 existierte. Die Synagoge aus dem Jahr 1800 ist 1938 zerstört worden. Die frühere Schule ist noch vorhanden, ebenso die Mikwe, das jüdische Badehaus (Bogenstraße 11 und 13). Bei fließendem, also „lebendigem" Wasser wurden rituelle Reinigungen vollzogen.

Es ist, ohne hier bestimmte Orte näher betrachten zu wollen, oft sehr bedauernswert, daß Zeugnisse der jüdischen Kultur, sofern sie die schmähliche Ausrottung überstanden haben, so wenig bewußt und selbstverständlich erhalten wurden, wie es für Zeugnisse der christlichen Kultur etwa gang und gäbe ist. Sicher, es lassen sich noch viele versteckte Judenfriedhöfe finden (vielleicht, weil sie versteckt waren), die so klare Ahnungen von Tod und Leben zu haben scheinen, und es gibt ehrenhafte Gedenksteine, aber von den religiösen und profanen Gebäuden sind viele verschwunden oder wurden übertüncht und zugebaut, umgewidmet sozusagen.

Scheinfeld liegt an der *Scheine*. Und über den Fluß hinweg, an einer Nepomuk-Brückenstatue vorbei, die Würzburger Straße entlang, verläßt der Kunigundenweg die Stadt, um, von der Straße rechts abweichend, in der Flur die Richtung nach Markt Bibart zu nehmen. Leider sind auch immer wieder kantige Industriebauten in genormter moderner Architektur anzutreffen, die sich ganzen Tälern, die genügend *eigenen* Charme haben, als kategorisches Wahrzeichen aufdrängen und die Ansicht der Landschaft weithin prägen.

Scheinfeld mit der schon seit dem 17. Jahrhundert auf das Schloß hin ausgerichteten Schwarzenberger Straße vom Stückturm aus.

Schon beim Überschreiten der Scheine verläßt man die sogenannten Myophorienschichten (grauer oder rotbrauner, schiefriger Tonstein) des Mittleren Keupers, auf denen die Stadt liegt. In diese Schicht sind an manchen Stellen der Umgebung auch Gipsschichten eingelagert, die manchmal abgebaut wurden. Der Gips ist ein bedeutender Rohstoff des Steigerwalds, vor allem seiner Westhänge, wo er mit besonders erhaltenswerter Vegetation zusammen auftaucht. Im nahen *Iphofen* existiert ein Museum mit Gipsabdrücken aller möglichen Kunstwerke der Weltgeschichte. Das Schloß Schwarzenberg allerdings liegt schon auf einer der typischen Schilfsandsteinterrassen, die sich aufgrund ihrer größeren Härte als Landzunge über dem Tal erhalten haben. An der Westseite des Schlosses sind die großen Schilfsandsteinbrüche besonders sehenswert.

In der Flur Richtung Markt Bibart steigt der Weg auf einen Hügel hinauf, der in das Haupttal zwischen Markt Bibart und Scheinfeld eingelagert ist und von eiszeitlichem Wanderschutt bedeckt wird. Beide Täler sind wieder sehr breit im Verhältnis zu den Bachläufen, da sie dem Flußsystem der größeren „Ur-Aisch" (vergleiche Haslach S. 31) angehört haben mögen. Wir gelangen in weite Felder, nachdem wir von der Ortsverbindungsstraße nach Markt Bibart rechts abgezweigt sind. Möglicherweise aber verläuft die Autostraße auf dem älteren Weg, jedenfalls hat hier am Waldrand schon einmal ein Kreuz gestanden, von dem jetzt nur noch ein eingesunkener Steinsokkel zu sehen ist. Weitere Kreuze folgen noch in Richtung Markt Bibart. Der Kunigundenweg geht jedoch am Waldrand auf der anderen Seite des Wäldchens, genannt *Kühtriebschlag*, entlang und führt kurz hinein, zu einer Lichtung mit kleinen Weihern, an denen man viele interessante Pflanzen und Tiere beobachten kann. Besonders viele Arten der einheimischen Vögel halten sich gern hier auf. Einzelne Laubbäume oder Baumreihen stehen am Wasser-, Wald- oder Wiesenrand. Außerhalb des Waldstücks ergibt sich bald eine weitreichende Aussicht in die seitlichen und vor uns liegenden Richtungen: Geradeaus, in der üblichen südwestlichen Richtung des Kunigundenwegs, liegt Markt Bibart vor dem Anstieg des großen, bewaldeten Steigerwald-Vorbergrückens, den wir später überschreiten werden. Links (nordwestlich) und rechts (südöstlich) erstreckt sich das Tal der *Bibart*, mit deren Wasser wir einen Gruß nach Bamberg senden können; denn sie fließt nicht direkt in den 20 km entfernten Main, sondern in die Aisch, bei Forchheim in die Regnitz und erst nach Bamberg in den Main – den ganzen Kunigundenweg umschließend. Die Botschaft bräuchte aber sehr lange Zeit, denn das Gefälle der Bibart beträgt nur etwa zwei Meter pro Kilometer. Die Talgründe versumpfen daher leicht. Deshalb verliefen auch hier die ganz alten Wege auf den Bergrücken, während die neuzeitlichen Verbindungen zwischen Würzburg und Nürnberg, die Bundesstraße 8 und die Schnellzugtrasse, genau das Bibarttal durchziehen. Trotz des Sumpfes soll hier aber auch schon in früherer Zeit – Klarmann nennt die zweite Hälfte des 14. Jahrhunderts – eine der bedeutendsten Verkehrsstraßen Deutschlands verlaufen sein: die alte „‚Heer- und Königsstraße' (*via regia*, auch ‚fränkische Rennstraße' genannt)" (Klarmann), die von Frankfurt über Kitzingen, Markt Bibart und Neustadt/Aisch nach Nürnberg gegangen sein soll. Diese eher *fränkische* Straße kreuzte sich bei Markt Bibart mit der vorfränkischen, alten Hochstraße zum Iffigheimer Berg und ins südlichere Unterfranken. Die fränkische Königsstraße hatte außerdem im Aischgrund bei Lonnerstadt Anschluß an die „alte Frankenstraße" nach Schlüsselfeld, über den Sommerrangen nach Burgebrach und Bamberg. Aber auch von Scheinfeld ging ja über Burghaslach die alte Verbindung nach Bamberg (Bamberger Straße).

Vielleicht waren diese alten Verbindungen der Grund für die Verleihung eines Marktprivilegs an *Markt Bibart* durch Kaiser Karl IV., der kurzzeitig die „Veste Neuenburg"/Markt Bibart in Besitz hatte. Der Ort hinterläßt jedoch nicht den Eindruck von einer Burg – die Ummauerung wurde mit den letzten zwei Toren 1830–1846 endgültig abgerissen –, sondern von einer Siedlung an einer Durchgangsstraße. Heute bildet die Straße den „Mittelpunkt".

Bevor man aber in den Ort hereinkommt, läßt sich der beschriebene Blick von der seitlich erhöht liegenden Magdalenenkapelle aus genießen, die sich an der Stelle eines alten Vorgängerbaus befindet. Kurz darauf stößt man bei den ersten Häusern – der alten Ziegelhütte – wieder auf die Autostraßenverbindung nach Scheinfeld, die hier mit dem alten Postweg identisch ist. Auf dieser Straße, genannt „Bamberger Straße", kommen wir in den von der Bundesstraße 8 durchzogenen Ort. Links und rechts der Straße, die schön gepflastert ist und noch nicht diese genormten Gehsteige besitzt, befinden sich die älteren Häuser, vor allem das ehemalige Rentamt (Nürnberger Straße 31) mit repräsentativem, toskanischem Pfeilerportal aus dem 18. Jahrhundert und einem Nebengebäude. Leider wurden die dazugehörigen Pfeileraufsätze entfernt oder nicht ersetzt. Das Rentamt weist darauf hin, daß Markt Bibart bis in die Zeit des Königreichs Bayern hinein (vorher seit 1390 Hochstift Würzburg) ein wichtiges Amts- und Gerichtszentrum des umliegenden Kreises, ab 1812 sogar Sitz des Landgerichts war. Richtig bayerisch im Stil der Münchner Ludwigsbauten wirkt auch das ehemalige Gerichtsgefängnis am Ortsausgang, Nürn-

Oben: Wieder ein Hinweis auf einen älteren Wegverlauf: ein eingesunkener Steinsockel an der Straße nach Markt Bibart. Einige Schriftzeichen sind noch zu erkennen.

Unten: Schloß Schwarzenberg am Rand des fürstlichen Waldgebietes, durch das der Kunigundenweg verläuft.

Oft vernachlässigt und nicht beachtet: eine noch erhaltene jüdische Mikwe (jüdisches Ritualbad) in Scheinfeld.

berger Straße 41, erbaut 1840 im Neurenaissance-Stil. Vorher kann man noch durch die Straßenverengung zwischen alten Häusern den Standpunkt des ehemaligen Tors erkennen (Hinweistafel seitlich am Haus). Mit dem Bachverlauf bei der Bamberger Straße („Am Graben“) und der Allee in der Nähe des Bahnhofs ist die ehemalige Ummauerung noch insgesamt nachvollziehbar.

Damit haben wir nun die Kirche umkreist, die 1614–1616 Fürstbischof Julius Echter von Mespelbrunn zum Ausgleich für die einfallende Pfarrkirche erbauen ließ. Die Gemeinde selbst hat vorher keine Mittel zum Neubau eines Gotteshauses bewilligen wollen. Nun wurde sie im typischen Echter-Stil aufgerichtet und mit Echter-Lobspruch und Echterwappen, beides über der seitlich gelegenen Fassade, verziert. Der Stil ist eine schon deutlich zur Renaissance neigende Nachgotik, gut am Maßwerk der Fenster zu erkennen: Manche Kreise schließen sich nicht mehr, die Regeln der Gotik gelten nicht mehr unverbrüchlich. In streng gegenreformatorischem Geist wurde die Kirche der hl. Maria geweiht. Und hier stoßen wir auf die tieferen Hintergründe, wenn wir die damaligen Vorgänge und die ganze Vorgeschichte auch um den Kirchenbau in Markt Bibart begreifen wollen: Der Ort war einmal ein Zentrum des *Bauernkriegs* von 1525.

Dieser Aufstand brach ja im Namen des Evangeliums aus, das man seit einigen Jahren in deutscher Sprache lesen konnte, und hat wohl die tiefsten *Ursachen* auch in den Hetzpredigten der Hussiten, die aus Böhmen eine kritischere Christenlehre nach Franken herüberbrachten. Die Glaubenslehren wurden jedenfalls als geistiger Überbau herangezogen, um gegen das eklatante Unrecht anzukämpfen, von dem sich die Bauern unterdrückt fühlten. Es soll nämlich nicht so sehr eine wirtschaftliche Notlage der Bauern gewesen sein, die sie gegen die Obrigkeit ziehen ließ, sondern die Rechtsunklarheit und, in der Folge davon, die Ungerechtigkeit im Zusammenhang mit immer neuen Abgaben und Steuern, die sich Fürst, Ritter oder geistlicher Herr eben einfallen ließen. Man wollte ja grundsätzlich eine Obrigkeit anerkennen und Steuern zahlen. Auch den Fürstbischof von Würzburg oder den von Bamberg, gegen den Götz von Berlichingen in Goethes gleichnamigem Drama so losgeht, wollte man als obersten Herren durchaus anerkennen; aber das Domkapitel von Bamberg, die kleineren Herren der Grafschaften und Rittertümer oder die Patrizier der Städte waren in der Steuereintreiberei manchmal über alles Maß hinausgeschossen. Außerdem wohnten die geistlichen Herren selber in den sogenannten Immunitäten, das heißt, teilweise steuerfreien Bezirken mit eigenem Recht innerhalb oder am

Rand einer Gemeinschaft, in Bamberg zum Beispiel auf den Bergen über der Stadt.

Durch den Bauernkrieg und den „Götz" ergibt sich jedenfalls wiederum der *Kunigundenweg* als eine zentrale Achse durch Franken, an der sich die beiden Pole Würzburg und Nürnberg gegenüberstehen, innerhalb derer sich der Bauernkrieg abgespielt hat. Und macht man einen kleinen Spaziergang über die Kunigundenkapelle bei Aub hinaus, befindet man sich im *Taubergrund*, einem frühesten Ursprungsort des Bauernkriegs. In der weiteren Verlängerung stößt man auf das Jagsttal, in dem das Stammschloß des Götz von Berlichingen liegt.

Auch viele *Persönlichkeiten* spielen in der Geschichte des Bauernkriegs eine wichtige Rolle: Einen Uranfang des neuen Geistes findet man beim gar nicht so unbedarften, aber etwas exaltierten „Pfeiferlein von Niklashausen" aus dem idyllischen Ort im Taubertal. Theologisch-wissenschaftlich hochstehender trat Ulrich von Hutten mit seinen Wendungen gegen die „römische" Geistlichkeit auf. Ein anderer humanistisch Gebildeter dieser Zeit war der Deutschordenspriester Johannes Boemus aus Aub, aus dessen Buch über die „Sitten und Gesetze aller Völker" – laut Gräter eine erste deutsche Volkskunde – viel über den Stand der Bauern um 1520 zu erfahren ist (siehe S. 65 f.). Umstritten schließlich ist die Rolle des für den Kunigundenweg bedeutsamsten Künstlers und Würzburger Altbürgermeisters Tilman Riemenschneider. Er soll in der für Würzburg heißesten Phase des Krieges falsche Gerüchte leichtfertig in Umlauf gesetzt haben und wurde später gefoltert. Daß ihm dabei die Hände gebrochen wurden, kann nicht mit Sicherheit behauptet werden.

Speziell in Markt Bibart war der Aufstand schnell im Gange: Es war das erste Würzburgische Amt, das vom Bischof abfiel (Gräter). Die Vorbereitungen dazu traf der Geheimbund „Die Unendlichen" unter frommem Deckmantel. Danach schlossen sich die Bewohner Markt Bibarts reichlich dem Krieg an. Trotz anfänglicher Unstimmigkeiten mit den Iphöfern wurden gemeinsam manche Klöster eingeäschert, vor allem das nahegelegene Birklingen, das – wie auch manche Burgen – damals endgültig von der Bildfläche verschwand.

Aber nicht nur christliche Zeugnisse sind in Franken durch Gewalteinwirkung verschwunden, sondern auch jüdische Kulturgüter. In Markt Bibart wurde die jüdische Gemeinde durch die „Rindfleisch"-Verfolgung 1298 ausgelöscht. Dieser schreckliche Pogrom geht auf einen Ritter namens Rindfleisch zurück, der einen Rachefeldzug in ganz Franken anführte, weil in Röttingen a. d. Tauber (südwestlich von Aub) das Gerücht entstanden war, ein Jude habe Hostienschändung getrieben.

An den Resten einer alten Ziegelei vorbei führt der Kunigundenweg über die Bamberger Straße nach Markt Bibart. Am Horizont taucht schon der Höhenzug des Limpurger Forstes mit der alten Hochstraße auf.

Die alte Hochstraße

Mit dem Verlassen von Markt Bibart über eine Neubausiedlung im Westen tritt man bald nach der Überquerung groß angelegter Felder in den Wald ein. Dort beginnt nun eine lange Waldwanderung – die letzte zusammenhängende auf dem Kunigundenweg und zugleich eine der schönsten in Franken; denn der ganze, ab Markt Bibart 13 Kilometer lange Bergwaldrücken bietet alle landschaftlichen Freuden, die ein Wanderer sich wünschen mag: Natur- und Landschaftsgestalt von seltener Schönheit, angenehme Laufstrecken über hochgelegene Bergzüge sowie stimmungsvolle Kulturdenkmäler mit den vielfältigen historischen Zusammenhängen, von denen wir uns so gerne anregen lassen. Schon das Klima ist bemerkenswert, nämlich zum Westrand des Gebirges hin trockener und wärmer, aber von der „Frische" des Waldsauerstoffes angereichert. Der ganze Höhenzug ist meist dem Westwind ausgesetzt, der anscheinend an dieser Stelle nicht die großen Schadstoffmengen der Industriegebiete mit sich führt, da im hiesigen Laubwald noch kaum Schäden im Zusammenhang mit dem Waldsterben festgestellt wurden. Bleibt zu hoffen, daß auch in Zukunft keine Überraschung eintritt, so daß dieser edle Hochwald noch vielen Generationen diese besondere Entrückung zu vermitteln vermag, die man oft einfach mit „Erholung" zusammenfaßt. Der „Höhepunkt" des Walderlebnisses wird auch ganz konkret dadurch faßbar, daß man die höchsten Erhebungen des Steigerwalds überschreitet bzw. daran vorbeigeht. Da der Kunigundenweg kein Rundwanderweg ist, kann man auf ihm den ganzen Höhenrücken der Länge nach überqueren, was wiederum dem Verlauf der alten *Hochstraßen* entspricht, die hier entlangliefen. Der vorliegende Teilabschnitt dieser ursprünglichen Ost-West-Verbindung ist in den umliegenden Orten heute noch als „Die Hochstraße" bekannt.

Das Alter der „Straße" wird bereits beim Waldeintritt deutlich durch die verschiedenen Weggabelungen und parallel laufenden Gräben oder Hohlwegstrecken im grünen Teppich des Waldbodens. Wir befinden uns im ersten Teil des Höhenrükkens schon im Umkreis des *Limpurger Forstes*, benannt nach den ehemaligen Besitzern aus dem alten Adelsgeschlecht, das in Franken begütert war. Heute ist das Gebiet Staatsforst (seit 1966) und wird vom Uffenheimer Forstamt aus verwaltet. Der Kunigundenweg geht geradewegs nach oben, die am Hang entlanglaufenden Forstwege kreuzend, zu einer ersten Kuppe, dem *Hüßberg* (410 m) mit einer weiteren kleinen Erhebung daneben. Beides sind Kappen aus Schilfsandstein, zwischen denen der Kunigundenweg hindurchführt. Man erkennt dieses Zwischengebiet an den besonders prächtigen Laubbäumen und noch augenfälliger an den Vertiefungen, die sich hier gebildet haben. Nach deren Überquerung läuft es sich recht bequem etwas abwärts, am Rand eines Steilhangs. Wenn hier die Bäume wenig belaubt sind, bietet sich eine gute Aussicht nach Norden auf den parallel sich hinziehenden Rücken des *Schwanbergs*. Nach einem weiteren, querlaufenden Forstweg, den wir nur kurz verfolgen, stoßen wir beim Unterstellhäuschen auf die Grenze zum Regierungsbezirk Unterfranken, erkennbar an den regelmäßig wiederkehrenden Grenzsteinen, auch solchen, die später wieder Schwarzenberger Waldbesitz anzeigen – der Kunigundenweg als Grenzweg. Man stolpert fast über die Grenzsteine verschiedenen Alters beim schnellen Ausschreiten über den relativ flachen Höhenrücken. Manche sind wohl schon denkmalwürdig und tragen wieder zu unserer Verbundenheit mit der heimatlichen „Umwelt" bei: „Das Zusammenleben mit dem Wald hat die Deutschen geprägt. Alle ihre Kultur und Zivilisation ist aus dem Wald hervorgegangen: Nahrung und Behausung, das zum Überleben unentbehrliche Feuerholz, das Holz für den Stiel der Axt und der Lindenstamm für Tilman Riemenschneider" (C. Schütze). Im Mittelalter hatte man vom Wald ein wohl heute weitgehend unzugängliches Bewußtsein, das von Rodungsdrang und (Ehr-)Furcht geprägt war. Den Germanen waren ja manche Waldbezirke heilige Haine – eine teilweise magische, von den Romantikern umgedeutete Naturgeborgenheit.

Es könnte uns also nicht gelingen, uns vom Wald zu verabschieden. Manche ehemalige Plätze von Burgen oder befestigten Anlagen hat der Limpurger Forst bereits wieder überwachsen. Auf einen solchen „Burgstall" trifft der Kunigundenweg direkt nach einer langen Geraden: ein kleiner Rundhügel nach einer Weggabelung, *Steinbürg* genannt (426 m, höchste Fläche: Schilfsandstein). Der Hügel soll aber aufgeschüttet sein, möglicherweise als frühmittelalterliche Burgstelle. Man mag dort einen schmalen, umlaufenden Graben, teilweise terrassenförmig, und einen Zugangseinschnitt von Osten her erkennen. Und nur dieser Hügelbereich ist ringsum mit Wald-Bingelkraut (Mercurialis perennis) bewachsen. In eigentümlicher Stille können wir den Zuflüsterungen des Windes durch die Blätter lauschen.

Durch den abzweigenden Talweg an der Weggabelung öffnet sich der Blick in Richtung Süden. In ca. 23 Kilometer Entfernung liegt die Frankenhöhe bei Burgbernheim und Marktbergel mit ihren Sendemasten. Der Kunigundenweg bleibt jedoch auf der Höhe, immer als Grenzgänger am Rand der Regierungsbezirke. Nach einem tief abfallenden Hohlweg treffen wir schließlich auf einen Querweg, der das nördlich gelegene *Dornheim* (ehemaliges Königsgut, auch Hochstift Bamberg) mit dem

Auf einen sogenannten Burgstall trifft der Kunigundenweg nach einer langen Geraden: Die frühmittelalterliche „Steinbürg" erhebt sich auf 426 m Höhe.

südlich gelegenen *Krassolzheim* verbindet. Typisch für diesen alten Forst: Der kleine Weg ist geschichtsträchtig. Seine Bezeichnung „Judenweg" deutet möglicherweise auf jüdische Viehhändler hin, die ihre Tiere von einem Dorf zum anderen trieben. Außerdem verläuft dieser Weg genau auf der Westbegrenzung des alten Wildbannbezirks (auch Fürstenforst, siehe S. 28); denn 1023 schenkte Kaiser Heinrich II. den Wildbann des Steigerwalds, durch den der Kunigundenweg ab Burgebrach verläuft, dem Bischof von Würzburg. Auf der entsprechenden Urkunde sind alle Orte am Rand des Banngebiets aufgeführt, unter anderem Dornheim und Krassolzheim. Gerade die Hohe Jagd gehörte zu den eigentlichen Hoheitsrechten der Fürsten, letztlich des Kaisers, die ihm auch in den Gebieten der Gaugrafen vorbehalten blieb und noch 1575 vom Reichskammergericht in Speyer bestätigt wurde. Krassolzheim ist für den Kunigundenwegwanderer von zweierlei Bedeutung: Zum einen enthält dieser alte Ort wieder eine recht altertümlich wirkende Chorturmkirche, die mit ihrem Fachwerkobergeschoß an die bei Kirchrimbach beschriebene „Schiestl-Kapelle" erinnert; zum anderen finden sich auch hier Bamberg-Bezüge, da das Kloster Michelsberg 1401 große Anteile am Grundbesitz im Ort durch Austausch erhält.

Der Kunigundenweg selbst bleibt aber ganz im Wald und steigt nach dem kleinen Paß, den der „Judenweg" bildet, gleich wieder an auf den Riedel. Bei der Autostraße nach Nenzenheim ragt der erste Höhepunkt im letzten Abschnitt auf, der *Iffigheimer Berg* (482 m). Man geht jedoch zuerst südlich (links) um ihn herum. Circa 100 Meter südöstlich der Abzweigung auf einen Hauptweg befindet sich ein recht flacher, vorgeschichtlicher Grabhügel, der hier wieder als ein Hinweis auf alten Wegverlauf gelten mag. Danach kann man rechts zum Aussichtsturm auf den Iffigheimer Berg hinaufsteigen (in der Wanderzeit am Sonntag ab 11 Uhr geöffnet, sonst Schlüssel im Gasthaus Distler in Nenzenheim). Der Aussichtsturm ist ideal für Fernsichten über den ganzen Steigerwald in östlicher Richtung. Das Schloß Schwarzenberg ist schon bei einigermaßen gutem Wetter zu sehen; an klareren Tagen läßt sich noch mit bloßem Auge der Sender auf dem Sommerrangen bei Schlüsselfeld (links vom Schloß Schwarzenberg) erkennen.

Über einen weiteren langen, geraden Höhenzug entfernen wir uns vom Iffigheimer Berg in westlicher Richtung, einen prächtigen Eichwald durchschreitend, der hier schon der Gesamtbezeichnung *Kunigundenwald* zuzurechnen ist. Schließlich wendet sich der Weg vor der Erhebung des *Scheinbergs*, des höchsten Gipfels im Steigerwald (498 m, baumbestanden), nach Süden auf den *Roten Buck* (456 m, nach einem

Anstieg im Hohlweg), wo er sich wieder genau nach Westen dreht, an der Südseite des Scheinbergs vorbei. Ein Waldabschnitt heißt weiter südlich „Kohlwieselholz“ – ein Hinweis auf Köhlereien. Daneben gibt es ein „Sauloch“, wo früher die Schweine mit Eicheln und Bucheckern gemästet wurden.

Vom Roten Buck an bewegen wir uns schon im Besitztum des Schlosses *Frankenberg*, das unweit auf dem Bergesrand vor dem Wald liegt und eigentlich aus zwei Schlössern besteht, mitten in Weinbergen und Feldern, mit Blick auf die weite unterfränkische Ebene des Gollachgaus – eine Anlage zwischen Wald und Weinbau, zwischen Steigerwald und unterfränkischer Ebene. Hier hält der gegenwärtige Erbe von Schloß und Landbesitz, Baron Carl von Lerchenfeld, reichhaltige Traditionen lebendig. Unter den Renaissancegewölben flimmern Computer und Kopierautomat, Gäste und Freunde jedoch führt der Baron in einen Saal mit Antiquitäten. In ruhiger Leichtigkeit legt er große Familienvergangenheit und Gegenwartsprobleme dar – zum Beispiel solche der baulichen Bewahrung der Gebäudekomplexe. Die beiden von 1200 an entstandenen gegnerischen Burgen befinden sich nun gemeinsam in seiner Hand. Die

Zwei mächtige Türme, die versteckt im Wald stehen, sind die letzten sichtbaren Reste der Burg Hinterfrankenberg.

romantische Waldruine *Hinterfrankenberg* wurde vom Bischof von Würzburg um 1200 begonnen; Mitte des Jahrhunderts setzte dann der Burggraf von Nürnberg trotzig Vorderfrankenberg aus dem Schilfsandstein des umliegenden Bodens davor. Hinterfrankenberg erlebte mehrfach wechselnde Besitzer (teils auch gemeinsam mit Vorderfrankenberg), wobei die Ritter sich den Besitz manchmal gewaltsam nahmen oder ihn zerstörten, zuletzt der Markgraf Alcibiades 1554 im Kampf gegen das Bistum Würzburg. Seitdem wurde die prächtige Anlage aus großen Quadern immer mehr zur Ruine. Da haben die Herren von Vorderfrankenberg – unter anderen der Nürnberger Burggraf Friedrich der Jüngere, die Seinsheim, die Seckendorff, das Hochstift Würzburg und besonders die Hutten – ihren Besitz schon besser ausgebaut oder erhalten. Letztere gaben der Schloß-Burg von 1530 an das heutige Gepräge. J. Ph. Friedrich von Hutten machte die Gebäude 1720 durch modernen Innenausbau zu einer kleinen Residenz. Doch Ausbau und Ausstattung sind noch nicht beendet.

Baron von Lerchenfeld schätzt die Kunst, das alte Dokument, die schöne Verzierung. Dabei ist der gebürtige Bamber-

Vom Aussichtsturm auf dem Iffigheimer Berg (482 m) kann man den ganzen Steigerwald, manchmal bis zum Anstieg der Fränkischen Schweiz, überblicken.

ger – die Familie wohnte im Palais am Jakobsplatz (von Dientzenhofer) – kein bloß vergeistigter Kunstsinniger oder Büromanager; er liebt die Jagd. In den Waldungen dieses Vorgebirges ist das außerdem ein wichtiges Geschäft. Denn nach von Lerchenfelds Meinung muß die Jagd zur Naturpflege beitragen und ist mit dem Mercedes-Wochenend-Sport der schicken Jagdpächter aus München und Frankfurt nicht zu vergleichen. Es ist eher die klassische Jagd, die hier noch stattfindet, wie der romantisch wirkende Wald mit Sagen und Ruinen auch zu bezeugen scheint. Nur mit Falken geht Baron von Lerchenfeld nicht mehr auf die Pirsch, wie sie einstmals nach der Lehre Friedrichs II. ausgeführt wurde: „De arte venandi cum avibus“ (Über die Kunst, mit Vögeln zu jagen). Tatsächlich gab es bei *Ansbach* eine der größten Falknereien, die sicher auch – zumindest zu ihrer ansbachischen Zeit – für die umliegenden Wälder bei Frankenberg genutzt wurde.

Am Rand des Waldes oberhalb der Weinberge bewegen wir uns dann weiter, um den Kunigundenwald herum und mehr oder weniger auf der Schilfsandsteinstufe des Bullenheimer Berges bleibend, auf dem sich alle sonst hier noch vorhandenen geologischen Stufen aufschlüsseln lassen. Über uns befindet sich rechter Hand nach einer Stufe toniger Lehrbergschichten ein relativ ebenes, großes Plateau über Blasensandstein, mit vor- und frühgeschichtlichen Ringwallanlagen, wo schon bedeutende archäologische Funde gemacht wurden (siehe S. 58). Man erreicht dieses Plateau, indem man nicht den Kunigundenweg weitergeht, sondern rechts aufsteigt. Am Rand des Bereichs befindet sich auch ein Aussichtsturm (Schlüssel an Tagen ohne Wanderbetrieb in der „Goldenen Traube“, Bullenheim; sonst offen).

Südöstlich von Schloß Frankenberg liegen noch die bedeutende Ruine *Hohenlandsberg* auf 498 m Höhe (u. a. schwarzenbergisch-brandenburgisch, 1554 zerstört) sowie weitere Burgställe an der Südseite des Höhenzugs.

Zu Füßen des Hohenlandsbergs liegen die Dörfer Reusch und Weigenheim. Weigenheim, heute Sitz einer Verwaltungsgemeinschaft, hatte unter der Herrschaft der Seinsheim-Schwarzenberg – von der Burg Hohenlandsberg her – bezüglich der Religionszugehörigkeit schwer zu leiden: Erst bekannten sich die Untertanen mit der Herrschaft zur neuen Lehre, später sollten sie nach deren Willen wieder katholisch werden. Darüber gab es dann hartnäckigen Streit bis ins 19. Jahrhundert. Zwischen 1547 und 1553 hat aber die brandenburgische Herrschaft von der Burg aus gräßliche Raubkriege in den umliegenden, auch bambergischen Besitzungen unternommen.

Im Gegensatz zu Hinterfrankenberg hat das vordere Schloß Frankenberg die Zeiten überdauert und wird vom jetzigen Besitzer sorgfältig renoviert.

Bullenheim und das alte Land

Der *Bullenheimer Berg*, der *Kapellenberg* oder der *Kunigundenwald* sind allerletzte Ausläufer des Steigerwalds, der bei Bullenheim zum Maintal hin stark abfällt. Eine ganze Reihe von Main-Zuflüssen entspringt an seinem Rand. In einer scharfen Kehre, kurz vor dem Abstieg, weicht der Kunigundenweg noch einmal ab, wobei man auf demselben Pfad später wieder zurückkommt, und nähert sich einer Ruine, worauf die Namen „Kunigundenwald" und „Kapellenberg" schon vorher hinweisen.

Die sogenannte Kunigundenkapelle bei Bullenheim läßt sich durchaus als ein Etappenziel des Weges bezeichnen. Die spätgotische Kapelle aus der Mitte des 15. Jahrhunderts ist eng mit einer Sage um die Kaiserin Kunigunde verknüpft. Die soll sich nämlich mit ihrem Gefolge auf dem Weg nach Würzburg im dichten Wald verirrt haben; und da die Nacht schon hereinbrach und ein Verbleiben im Wald nicht ungefährlich war, gelobte die Kaiserin, für die erhoffte Errettung eine Kapelle errichten zu lassen. Sie hatten Glück, denn sie vernahmen das Abendläuten unten aus Bullenheim und konnten auch Licht erkennen.

Man mag die Sage glauben oder auch nicht glauben, mag sich fragen, ob die Sage die Entstehung des Gebäudes erklärt, oder ob die Entstehung mit der Überlieferung identisch sein könnte und ähnliches, feststeht, daß die jetzige Kapelle (Ruine) einen Vorgängerbau ersetzt hat, der 1474 verfallen war. Es gab vermutlich fromme Pilger, die die Kirche aufgesucht haben. Und das war damals sicher genauso wie heute, daß man sich gern an exponierten Stellen, die geschichtsträchtig sind und einen Überblick bieten, aufhält, ein undifferenziertes urreligiöses Gefühl empfindend.

Des weiteren soll Kaiserin Kunigunde den umliegenden Ortschaften 4000 bis 4500 Tagwerk Waldbesitz geschenkt haben. Dieser Kunigundenwald wurde zunächst gemeinsam genutzt, 1458 aber zwischen den Gemeinden aufgeteilt, weil es zu Unstimmigkeiten gekommen war. Aus dem Jahr 1680 ist noch eine Abschrift dieser Urkunde vorhanden.

Anschließend geht es durch einen Hohlweg am Hang entlang hinab in die Weinberge und von dort nach Bullenheim. Die Geschichte des Weinbaus in Franken läßt sich bis in die Zeit Karls des Großen zurückverfolgen (um 770), der offensichtlich ein Interesse daran hatte, den Weinbau zu fördern. Der Wein fand als Medizin Verwendung (die guten Jahrgänge) oder wurde als Zahlungsmittel gebraucht; er war und ist Bestandteil der Liturgie – die Schutzpatrone der fränkischen Winzer sind übrigens Urban und Kilian –, und es gab den Weinzehnt und die Weinzölle. Früher war der durchschnittliche Wein ein sehr billiges Volksgetränk, das in großen Mengen verbraucht wurde. Es gibt auch bekannte Geschichten um den Wein: Da wird vom „Jahrtausendwein" des Jahres 1540 erzählt, den man in Würzburg noch im Dreißigjährigen Krieg (1631) vergraben hat, als die Schweden anrückten; oder der „Rothenburger Meistertrunk", der die Stadt vor der Zerstörung durch die Truppen Feldmarschall Tillys rettete, weil Altbürgermeister Nusch den Kaiserpokal auf einen Zug zu leeren vermochte, auch wenn das historisch nicht so genau nachweisbar ist. Auf ca. 5000 Hektar wachsen heute in Franken Reben. In *Bullenheim* selbst und im Nachbarort Ippesheim hat man bereits um 800 Wein angebaut. Derzeit bestehen etwa 60 Hektar Bullenheimer Rebfläche unter der Lage-Bezeichnung Paradies. Dabei handelt es sich vor allem um Müller-Thurgau und Silvaner, wobei der Müller-Thurgau inzwischen die klassische fränkische Rebsorte Silvaner im allgemeinen überrundet hat.

Die Einwohner Bullenheims – so genannt nach einem fränkischen Hofbesitzer namens Bullo – sprechen schon eindeutig unterfränkisch, obwohl das Dorf noch in Mittelfranken gelegen ist. Die fehlenden Endungen der Verben zum Beispiel bezeugen dies. Der Ort Bullenheim taucht erstmals 816 in einer Quelle auf, worin er als Ausstattungsgut des neugegründeten Klosters „Megingaudshausen" erwähnt wird. Megingaudshausen gilt als Vorläufer der Benediktinerabtei Münsterschwarzach und befand sich auf einer Anhöhe über dem Laimbach bei Ullstadt in der Nähe von Scheinfeld. Am Bullenheimer Berg läßt sich – wie oben bereits genannt – ein vor- und frühgeschichtlicher Ringwall nachweisen, und ebenso deuten vorgeschichtliche Grabhügel auf eine uralte Besiedlung dieser Gegend hin.

Ein Chorturm aus der Zeit um 1300 ist der markanteste Teil der Pfarrkirche St. Leonhard mit ihrem spätgotischen Langhaus (Wehrkirche). Die Erweiterungen der Kirche stammen aus dem 16. und 19. Jahrhundert. Ein Sandsteinepitaph in der Kirche (Graf Paul von Schwarzenberg/um 1600) sowie zwei Sandsteinwappen am 1583 erbauten Rathaus in der Ortsmitte erinnern daran, daß Bullenheim zum Haus Schwarzenberg gehörte. Die Pfarrkirche St. Leonhard ist außerdem eine Simultankirche, das heißt, sie wird von beiden Konfessionen (evangelisch und katholisch) gleichermaßen genutzt, und das seit 1664. Damals wurde mit dem Grafen Adolf von Schwarzenberg von seiten des Inhabers der Kirchengewalt, Brandenburg-Ansbach, ein „Gnadenvertrag" abgeschlossen, der es den evangelischen Christen ermöglichte, die Pfarrkirche mitzubenutzen. Auch Reste der alten Kirchhofbefestigung sind noch vorhanden (teils um 1300).

Beim Abstieg nach Bullenheim verändert die Landschaft ihr Gesicht. Die Wälder werden von Weinbergen abgelöst.

Von einer jüdischen Synagoge in Bullenheim sind noch die Grundmauern erhalten (Haus Nr. 5); die Mikwe, die sich auf dem Grundstück hinter dem Rathaus befunden hat, ist in den 50er Jahren verschwunden. Ein jüdischer Metzger wohnte im Haus Nr. 6. Der Beruf des Metzgers war bis ins 19. Jahrhundert das einzige Handwerk, das Juden ausüben durften. Aufgrund verschiedener religiöser Gewohnheiten, die sich auf in der Bibel festgehaltene Erfahrungen des Volkes Israel beziehen, müssen bestimmte Vorschriften bei der Schlachtung eingehalten werden, da ein orthodoxer Jude nur das Fleisch koscherer, also reiner Tiere essen darf. Die Bullenheimer Juden sind etwa um die Jahrhundertwende aus wirtschaftlichen Gründen abgewandert.

Von Bullenheim aus ist auch ein Abstecher in den Nachbarort *Ippesheim* – nicht zu verwechseln mit Iffigheim, Illesheim oder Ipsheim – möglich, dessen Kirche (Heiligkreuz) einen Turm aus dem 12./13. Jahrhundert hat. Auch ein ehemaliges kleines Schloß ist zu sehen.

Die flacheren, sehr fruchtbaren Lößböden des *Gollachgaus* liegen näher als die Gebirge an der oberen Muschelkalkschicht, die vorher nur noch vom Unteren Keuper bedeckt ist und bereits in den Taleinschnitten am Fuß des Bullenheimer Berges zutage tritt (nördlich). Geologisch ist der Übergang vom Steigerwald zum Gollachgau überhaupt sehr interessant, da die Erhebung der Steigerwaldberge eine der Stufen des „Schichtstufenlandes" darstellt, das sich durch ganz Süddeutschland vom Rhein bis zur Ostgrenze erstreckt. Für uns seien die Gebirgsstufen Spessart/Odenwald (Buntsandstein, dann Muschelkalk), Steigerwald (Keuper) und Frankenalb (Jura) hervorgehoben.

Wie ist diese Abstufung entstanden? Alle genannten Schichten, einschließlich ihrer Unterteilungen, lagen ursprünglich übereinander. Sie hatten sich durch einen ständigen Wechsel von Verwitterung, Wässerung und Ablagerungen aller Art über oder aus dem Grundgebirge der Erde gebildet. Durch eine Hebung im Westen (und Senkung im Osten) rutschten die übereinanderliegenden Schichten gestaffelt nach Osten hin ab: Die oberste Schicht ganz nach Osten (Jura), dann die Keuperschicht, Muschelkalk usw. Der ganze Vorgang war zwar nicht so einheitlich, sondern differenzierter, die Erklärung reicht aber einigermaßen als Hinweis auf die Bedeutung solcher Anstiege, wie wir sie beim Bullenheimer Berg vorfinden. Hier kann man eben die hochgedrückten Schichten der Keuperstufe aufragen sehen. Dabei sind die Schichten aus Schilfsandstein und die unterhalb eingelagerten Gipsbänke, die ja heute noch abgebaut werden, kulturgeschichtlich am interessantesten.

Außerdem ist natürlich noch der Burgsandstein zu nennen. Der „Keuperwein“ aus Bullenheim wächst auf Schuttablagerungen und der Stufe der Myophorienschichten – verschiedenfarbigen und vielfach durchsetzten Tonschichten – des Mittleren Keupers. Neben der Auffaltung der Gebirge wurde unsere Landschaft unter anderem auch durch die späteren Eiszeiten geprägt, in denen die breiten Flußtäler entstanden und der fruchtbare Löß für den Gollachgau angeweht wurde.

Mit der *Gollach* lösen wir uns nun endlich von der Regnitz-Orientierung der Bäche und wandern an ihr der Tauber zu, die aber, wie die Regnitz, in den Main mündet (in Wertheim).

Die Pfarrkirche St. Leonhard in Bullenheim: eine Simultankirche, die auch heute noch von beiden Konfessionen genutzt wird.

Man kann sich denken, daß die Landschaft des Gollachgaus schon frühzeitig für den Menschen interessant war, vor allem als er in der Jungsteinzeit begonnen hatte, Ackerbau zu betreiben und seßhaft zu werden. Da ihm die Verteidigung des „Ersessenen“ wichtig sein mußte, kamen ihm die kleinen Hügel des Gollachgaus und besonders die steilen Steigerwaldränder entgegen. So hat man auf dem Schwanberg, nördlich des Bullenheimer Berges, Hinweise auf eine Besiedlung seit der Altsteinzeit vorgefunden. Auch der *Bullenheimer Berg* weist, wie gesagt, vor- und frühgeschichtliche Siedlungsspuren auf, die vor allem seit Beginn der 1980er Jahre systematisch-wissenschaftlich ausgewertet werden. Verwertbar war neben anderem ein Depotfund (Bronzefigürchen, Ringe usw.) der jüngeren Urnenfelderzeit (ca. 1200–800 v. Chr.). Auch eine Holzkonstruktion im Zusammenhang mit einer Umwehrung konnte in verkohltem Zustand ergraben werden. Besonders interessant sind dann im flacheren Gaugebiet nördlich der Tauber und am Main die hallstattzeitlichen (ca. 750–450 v. Chr.) Großgrabhügel, die sogar 90 Meter Durchmesser erreichen, wie etwa auch im berühmten Newgrange (Irland). Sie waren schon für recht edle Herren gedacht, worauf die Grabbeigaben hindeuten: verzierte Reste von dolchförmigen Blättern aus Bein, die mit entsprechenden Gegenständen aus Irland (Lough Crew) verglichen wurden. Man vermutet, daß sie für magische Riten als „Schwirrblätter ... zur Erzeugung eines surrendes Tones“ Verwendung fanden (Das Archäologische Jahr in Bayern, 1983). Bei Repperndorf/Kitzingen haben Archäologen in einem Großgrabhügel gar Hinweise auf eine Wagenbestattung finden können (Totenwagen mitbestattet). Darüber hinaus ergaben sich Spuren von kleineren befestigten Herrenhöfen, die aber natürlich nicht die Bedeutung der großen Höhenburgen erreichen. Einen der hallstattzeitlichen Herrenhöfe bei Wolkshausen, südwestlich von Ochsenfurt, konnte man systematisch ausgraben und acht schnurkeramische Gräber freilegen: „... die Männer lagen als Rechtshocker mit dem Kopf im Westen, die Frauen als Linkshocker mit dem Kopf im Osten“ (Arch. Jahr, 1984).

Macht man einen gewaltigen zeitlichen Sprung ins 7. Jahrhundert n. Chr., in die fränkische Zeit (Merowinger), stößt man wieder auf vielfältige Funde von Siedlungen, Gräberfeldern, befestigten Anlagen usw. im Gebiet zwischen Tauber, Main und Steigerwaldhöhe, vor allem auch um den Bullenheimer Berg. Aus den ersten Jahrhunderten vor Christi Geburt (Latène-Zeit) stammt noch eine Silbermünze, die auf dem Bullenheimer Berg entdeckt wurde – ein weiterer Hinweis auf die Bedeutung des Berges auch als keltisches Zentrum (ebenso wie die Gegend bei Aub im Gollach-Tauber-Gebiet). Auf der Vorderseite der Münze erkennt man einen weiblichen Kopf und den Buchstaben K . . .

Hervorgehoben sei noch der Fund germanischer Gräberfelder am anderen Ende des Gollachgaus, bei *Baldersheim*. Germanische Gräberfelder wurden inzwischen oft durch die landwirtschaftliche Nutzung der Böden zerstört. Zufällig konnte gerade in Altendorf bei Bamberg noch ein weiterer dieser selten erhaltenen Plätze aufgespürt werden. In Baldersheim konnte unter vielen Scherbenfunden eine schön verzierte Schale aus dem 2. Jahrhundert n. Chr. rekonstruiert werden. Auf viele weitere bedeutsame Fundplätze des archäologisch reichhalti-

Der Sage nach soll Kaiserin Kunigunde auch am Bullenheimer Berg eine Kapelle gestiftet haben. Die Ruine einer spätgotischen Kapelle ist noch vorhanden.

gen Gebiets von Baldersheim zur Tauber hin sei hier noch einmal verwiesen (archäologischer Lehrpfad bei Aub).

Mit der Erwähnung von Baldersheim wurde wieder ehemaliges Bamberger Gebiet berührt, da der Ort mit Buch und Burgerroth-Altenberg (St. Kunigund) zu den am Ende des Gollachgaus gelegenen Besitzungen gehörte, die Kaiser Heinrich 1009 in Frankfurt seinem neu gegründeten *Bistum Bamberg* schenkte. Im Gollachgau gehörten dem Domstift noch der Fronhof Gollhofen und – weiter nördlich – das alte Königsgut Dornheim. Sie sind immerhin noch im Gesamturbar 1468 erwähnt. Aus diesen Orten waren hauptsächlich Schweine nach Bamberg zu liefern. Aus dem ganzen fruchtbaren Land hat Kaiser Heinrich dem von ihm und seiner Gemahlin Kunigunde so geliebten Bamberger Bistum noch zahlreiche Besitzungen und Rechte, auch in der weiteren Umgebung des Gollachgaus, zukommen lassen. Dazu gehörte vor allem das nicht nur an Einfluß reiche Kloster Kitzingen, das aber weitgehend eigenständig herrschte; dazwischen noch Gaukönigshofen und Sonderhofen, schließlich noch Distelhausen an der Tauber, um nur einige Orte des Main-Tauber-Kreises zu erwähnen, die oft recht bald in anderen Besitz übergingen, manchmal aber noch Jahrhunderte bambergisch blieben. So wurde Bamberg durch Kaiser Heinrich reich. Das ist aber noch nicht alles; wie wir schon gesehen haben, war es ja vor allem das *Kloster Michelsberg,* in Bamberg unweit des Dom- und Jakobsstifts gelegen, das gerade im heutigen Unterfranken zahlreiche Besitzungen in seinen Listen aufführen konnte. Ja, der wandernde Bamberger kommt auf dem Kunigundenweg kaum aus „seinen“ ehemaligen Besitztümern und Orten mit Bamberg-Beziehungen heraus! Das sind im Gebiet zwischen Tauber und Steigerwald in der Nähe des Kunigundenwegs neben anderen die Orte Ippesheim, Uffenheim, Lipprichhausen, Gollachostheim, Pfahlenheim, Simmershofen und Röttingen.

In der Weite des Gollachgaus wirken die sich vorschiebenden „Zeugenberge“ des Steigerwalds besonders beeindruckend.

Das Gollachtal entlang

Der Kunigundenweg wendet sich von Bullenheim aus in Richtung Gnötzheim, links, am Fluß *Iff* entlang. Dort und in der weiteren Umgebung findet sich eine große Anzahl von Mühlen, beginnend mit der Bullenheimer Gemeindemühle, welche die Gemeinde im 16. Jahrhundert errichtet hat. An diese schließen sich die Rothmühle und die Jackenmühle an, und auf Ippesheim zu folgt die Doktormühle. Nördlich stehen zum Beispiel die Winkelmühle, über die ehedem die Herren von Rosenberg zu Gnötzheim das Lehen besaßen, die Gehrenmühle oder die Lungenmühle.

Aus dem Ifftal heraus führt der Weg dann über eine relativ langweilige, flurbereinigte Strecke bis zum Ortseingang von Gnötzheim. Dabei wird die Regierungsbezirksgrenze nach Unterfranken überschritten. Der Kunigundenweg verläßt jedoch kurz vor Rodheim Unterfranken wieder und geht bis kurz vor Aub noch einmal durch Mittelfranken.

Das im Ortskern verwinkelte *Gnötzheim* wird eigentlich nur leicht berührt. Im 14. Jahrhundert und in der ersten Hälfte des 15. Jahrhunderts hat das Dorf wahrscheinlich zum Besitz der Seinsheim gehört. 1442 bis 1632 aber hatten die Herren von Rosenberg die Herrschaft inne. Sie selbst residierten dort in einem Wasserschloß, das 1645 durch Kriegseinwirkung zerstört wurde, was aber nicht heißt, daß von dem mit der Jahreszahl 1562 bezeichneten Schloß nichts mehr übrig wäre. 1646 hat das Haus Schwarzenberg Gnötzheim erworben. An den Besitzverhältnissen hat sich dann bis zum Ende des letzten Jahrhunderts nichts geändert.

Nähert man sich der seit 1540 evangelischen Pfarrkirche, entsteht sofort der Eindruck, daß es sich um eine Wehrkirche handelt. Der romanische Bau aus dem 12. Jahrhundert ist noch sehr einheitlich vorhanden, trotz mehrerer Veränderungen. Ein Epitaph in der Kirche erinnert an die Herrschaft des Ortes, nämlich an einen Conradt von Rosenberg, der, 45 Jahre alt, 1596 verstorben ist, und an seine beiden Frauen, Anastasia Catharina, geborene von Liebenstein (1591 gestorben), und Maria, geborene von Degenfeldt (1594 gestorben). Hinter der Kirche, etwas versteckt, befindet sich das alte Schulhaus.

Wir verlassen Gnötzheim am Ickbach entlang, unterqueren die Bahnlinien – der Haltepunkt Gnötzheim ist stillgelegt – und überqueren die Autobahn. Ab hier wird der Kunigundenweg recht „abenteuerlich“. Zwischen der Brücke, die über die Autobahn (A 7) geht, Unterickelsheim und der Überquerung der Bundesstraße 13 Richtung Rodheim sind mehrere Weg-Varianten möglich und bis heute angegeben. Der Wanderer kann sowohl Unterickelsheim streifen als auch entfernter daran vorbeigehen. Zwischen Rodheim und Lipprichhausen und anschließend im Gollachgrund nach Aub hin sind die Markierungen eher spärlich und schwerer auszumachen, weil es oft einfach auch an Befestigungsmöglichkeiten fehlt. Man hat sich da zum Teil mit einem roten Pfeil oder mit einem weißen Pfeil mit weißem K beholfen. Andererseits können sich die Ortsunkundigen aber, wenn sie eine Karte haben und sich in Richtung der jeweils nächsten Ortschaft halten, nur schwerlich verlaufen. Wenn Rodheim erreicht ist, folgt man dem Weg am Leitenbach entlang nach Lipprichhausen. Von dort führt der Weg dann, sich an die Gollach haltend, über Hemmersheim nach Aub. Hinter Aub, und dies sei vorausschauend gesagt, kann es sein, daß das eine oder andere Markierungsschild zum Souvenir erklärt wurde und demzufolge abhandengekommen ist.

Weil der Kunigundenweg damit gleichsam seine Beschreibung schon erfahren hat, die Sehenswürdigkeiten der Dörfer am Weg jedoch nicht unerwähnt bleiben sollen, sei eine kurze Aufzählung gestattet. So besitzt *Unterickelsheim* etwa eine Chorturmkirche (St. Nikolaus) aus dem 13. Jahrhundert. Und jene ist nicht die erste urtümliche Kirche dieser Art, die seit Anbeginn der „Wanderung" aufzuspüren war. Mitten durch den Ort fließt übrigens der *Ickbach* (siehe Gnötzheim, S. 61), der wiederum aus Oberickelsheim kommt. Auch *Oberickelsheim* – obwohl nicht direkt am Kunigundenweg gelegen – weist, neben einem großen Gasthof mit Übernachtungsmöglichkeit, ebenfalls eine Chorturmkirche (15. Jahrhundert) auf.

Angeblich schon um 740 soll im Ort *Rodheim* eine Kirche bestanden haben, und eben kein Geringerer als Kaiser Heinrich II. (1002–1024) konnte durch einen Tausch das Vogtei- und Patronatsrecht über Rodheim erwerben, um es 1022 durch eine Schenkung an die Bamberger Bendiktinerabtei Michelsberg abzugeben. 1540 nahm der Ort den lutherischen Glauben an, doch Fürstbischof Julius Echter von Mespelbrunn führte 1604 hier erfolgreich die Gegenreformation durch. Die jetzige Pfarrkirche St. Kilian ist spätmittelalterlich und im Langhaus barock. Eine richtiggehende Befestigung, die Rodheim, obwohl es nur ein Dorf war, 1430 erhielt, ist nicht mehr vorhanden.

Der neben Lipprichhausen gelegene Ort *Pfahlenheim*, den – wie könnte es nun schon anders sein – ebenso wie Hemmersheim eine Chorturmkirche ziert, bewahrt darin eine Holzstatue (um 1500) der heiligen Odilia auf, die als wundertätiges Bild angesehen wird. Der Sage nach konnten der Statue weder Feuer noch menschliche Zerstörungswut etwas anhaben. Und eine weitere Geschichte weiß zu berichten, daß die Rodheimer den Pfahlenheimern das Gnadenbild abkaufen und so viele Markstücke dafür bezahlen wollten, wie sich zwischen Rodheim und

In Hemmersheim finden sich zwei Kilian-Kirchen. Die ältere Chorturmkirche (im Bild) ist heute evangelisch und liegt außerhalb des Ortes an der Gollach.

Pfahlenheim hätten aneinanderreihen lassen. Angeblich 150 000 Mark auf dreieinhab Kilometern. Aber die Pfahlenheimer sahen wohl die Bedeutung der Statue ein und behielten sie lieber.

Der Blick trifft natürlich auch immer wieder auf Bildstöcke – in den Orten, in ihrem näheren Umkreis oder an Flurwegen. Allein in Rodheim sind es zehn, die die Denkmalliste aufzuzählen weiß. Darunter ist auch einer mit einem 14-Nothelfer-Motiv (1803), der zeigt, daß auch in dieser Gegend die Verehrung der 14 Heiligen nicht unbekannt war (siehe Burgebrach S. 13).

Ab *Lipprichhausen* befinden wir uns im *Gollachgrund*. Die Gollach fließt zunächst nach Aub und danach bei Bieberehren in die Tauber. Daß Lipprichhausen ehedem sehr „zerteilt" war, sieht man dem Ort nicht an. Denn es traf in früherer Zeit einmal zusammen, daß sieben verschiedene Herren Ansprüche gegenüber dem Ort und seinen Bewohnern hatten (Würzburg, Ansbach, Schwarzenberg und andere). Sicher ist auch hier die Kirche (evangelisch / ältester Teil: Turmuntergeschoß, 13. Jahrhundert) sehenswert. Freilich kann es dem Besucher immer wieder passieren, daß in den einzelnen Orten die Kirchtüren verschlossen sind, ja er muß sogar damit rechnen, aber meistens läßt sich auch irgendwo ein Schlüssel dafür auftreiben.

Die letzte Ortschaft vor Aub ist *Hemmersheim*, die zwei Kilian-Kirchen vorzuweisen hat: Die erwähnte Chorturmkirche, die evangelisch ist und sich etwas außerhalb des Dorfes neben dem Friedhof befindet, und eine jüngere, katholische (1767). Bemerkenswert ist zudem, daß die Dorfstraße als Ensemble erhalten wurde. Auf dem gesamten Kunigundenweg sind sicher viele alte Bauernhäuser anzutreffen, zum Teil auch verfallene; doch wieviele Häuser der fortschrittlichen Modernisierung weichen mußten, möchte man am liebsten gar nicht wissen.

In der Umgegend von Hemmersheim und Aub können der einzelne Wanderer und vielleicht auch ganze Wandergesellschaften, wenn sie eine gewisse „Bereitwilligkeit" dazu verspüren, einem Verwandten des „Hemannes" aus den Wäldern vor Scheinfeld begegnen. Ein Bauer namens Hans Hoi, ein dem Trunke ergebener Mensch, soll da ebenfalls den Sonntag mißachtet haben und mit dem Fuhrwerk in den Wald gefahren sein. Dabei ist er verschwunden und ward nie mehr gesehen, es sei denn als ein Gespenst auf einem schwarzen Pferd mit dem Kopf unterm Arm und zwei feurigen Augen dazu, und er ruft laut: „Hoi! Hoi!" – Sagen wandern.

Mit der Stadt *Aub* betreten wir den letzten Aufenthaltsort des Kunigundenwegs oder den ersten, wenn man dem Weg, von der Kunigundenkapelle bei Aub ausgehend, umgekehrt nach Bamberg folgt. Der Name „Aub“ läßt sich, vereinfacht dargestellt, auf die germanischen Worte „agwjo“ und „ahwo“ zurückführen, wobei sich aus „agwjo“ das Wort „Aue“ und aus „ahwo“ das Wort „Bach“ mit dem Grundwort -ach gebildet haben. Man könnte daher vielleicht frei „übersetzen“, daß es ein Stück (feuchtes) Land ist, das an einem Fluß liegt.

Aub ist mit seinen vielen denkmalgeschützten Bürgerhäusern als ein Ensemble anzusehen, das in seinem mittelalterlichen Kern noch weitgehend von einem Mauerring des 15. Jahrhunderts umschlossen wird (insgesamt 1200 m). Eine Reihe von Türmen ist erhalten, wovon der obere Stadtturm, auch als „Rothenburger Tor“ bezeichnet, der auffälligste ist (mit einem Zinnenaufsatz aus der Mitte des 19. Jahrhunderts). Im unteren Teil der Stadt gab es an der Gollachbrücke ein Pendant dazu, nämlich das „Würzburger Tor“, das 1864 eingelegt wurde. Und es gab dazu Schanzen und Gräben, deren Reste noch erkennbar sind. In die Befestigung integriert, steht am höchsten Punkt der Stadt das Würzburgische Amtsschloß mit eigenem Bergfried und einem Schloßgarten. Es läßt sich ebenfalls in den frühesten Teilen bis ins 15. Jahrhundert zurückdatieren. Von einer 1369 genannten hohenlohischen Burg sind keine sichtbaren Spuren mehr da.

Die Stadt selbst liegt an einem Hang zur Gollach hin, was den ziemlich starken Abstieg der Gebäude und Straßen erklärt. Die erste Siedlungsbenennung Aubs reicht bis ins 9. Jahrhundert zurück. Schon um 1000 dürfte Aub ein Benediktinerkloster beherbergt haben, das eine Außenstelle des Klosters St. Burkhard in Würzburg war und die Verwaltung des klösterlichen Besitzes in der Gegend zu besorgen hatte. Und vielleicht war Aub im 13. Jahrhundert sogar ein Wallfahrtsort. 1325 wird das Marktrecht verliehen, 1404 das Stadtrecht. Inzwischen hatten die Truchsesse von Baldersheim als Nachfolger der Grafen von Hohenlohe-Brauneck die Herrschaft über die Stadt erlangt. Aub war dann im Laufe der Jahrhunderte zum größten Teil würzburgisch; ein Viertel aber gehörte, neben anderen Besitzern vorher, dem Deutschen Orden (ab 1668). Seit 1810 bildet die Stadt eine geschlossene Gemeinde. Im Bauernkrieg 1525 und im Dreißigjährigen Krieg blieb die Stadt nicht ungeschoren, und auch der Zweite Weltkrieg hat seine Spuren hinterlassen.

Nähern wir uns der Stadt von Hemmersheim her, stoßen wir sogleich auf ein Kleinod: einen barocken Prozessionsaltar mit einem Lamm-Gottes-Relief. Nicht lange danach kann man vor dem Judenfriedhof anhalten. Bis 1940 existierte in Aub eine jüdische Gemeinde, die sicher alt war, denn bereits 1298 wird

Rechts: In der Hl.-Kreuz-Kirche außerhalb von Simmershofen, südöstlich von Hemmersheim, sind noch Wandmalereien, vielleicht aus der Zeit um 1400, erkennbar.

Unten: In der Gesamtansicht von Aub lassen sich (von links) der obere Stadtturm, der Turm der evangelischen Kirche, das Amtsschloß und die katholische Kirche erkennen.

Aub nach der „Rindfleisch“-Verfolgung als „Blutort“ aufgeführt (siehe S. 48). Die Synagoge aus dem Jahr 1754 steht noch, wurde allerdings zu einem Wohnhaus umgebaut (Neuertgasse 12). Sie ist aber nicht die erste Synagoge. Die erste stammte vielmehr aus dem 16. Jahrhundert, brannte jedoch 1752 ab. Und weil dem Deutschen Orden die Nähe jener Synagoge nicht gefallen hatte, mußte die spätere an anderer Stelle erbaut werden (siehe oben).

Die Harbachstraße entlang, mit ihrer einheitlichen Häuserzeile, erreicht man direkt den Marktplatz als Zentrum der Stadt. Das spätgotische Rathaus ist dort zu nennen, Marktplatz 1, seitlich mit dem Pranger, der Marktbrunnen, der 1797 neu angefertigt und bis 1898 zur Trinkwasserversorgung genutzt wurde, und die um 1730 entstandene Mariensäule. Daran schließen sich der Kirchplatz an und die Stadtpfarrkirche Mariä Himmelfahrt, deren Westbau in die Zeit um 1250 zurückreicht. Die anderen Teile sind jünger. 1945 erlitt die Kirche schwere Zerstörungen und wurde 1951 als dreischiffige Halle wiedererrichtet. Besonders muß auch hingewiesen werden auf eine Kreuzigungsgruppe im Westbau: ein Original von Tilman Riemenschneider (um 1510). Vor der Kirche hat der Betrachter die Möglichkeit, einen offengelegten Teil der alten Anlage zu sehen.

Der Kunigundenweg kreuzt hinter der Kirche die Hauptstraße und verschwindet in der Neuertgasse. Von der Kirche aus ergibt sich ein Blick auf das Heilig-Geist-Spital bei der Gollachbrücke, einer ursprünglichen Gründung aus dem 14. Jahrhundert, das für Pilger, welche die vorüberführende Fernstraße benutzt haben, aber auch für Arme und Kranke eine Anlaufstation war. Das Spitalgebäude wurde 1595 errichtet, die Kirche, die sogar eine Pieta aus dem Jahr 1407 beherbergt, 1862–64 neugotisch renoviert. Die ebenfalls neugotische Orgel darin ist 1864 von Balthasar Schlimbach & Sohn aus Würzburg eingerichtet worden. In der Neuertgasse (Nr. 6) weist ein Schild auf einen bekannten Sohn der Stadt hin: Geburtshaus von Kaspar Bausewein (1839–1903), der Hofoper- und Kammersänger unter König Ludwig II. in München gewesen ist. Noch berühmter aber ist die Bildhauerfamilie Auwera, die 1745–1823 in Aub ansässig war.

Zu nennen sind im einzelnen Joh. Michael Jos. (1711–1756), seine Söhne Joh. Georg (1740–1823) und Michael Joseph (1749–1813) sowie sein Enkel Franz Auwera (1771–1796), der sehr jung in München verstorben ist, wo er Geselle des Hofbildhauers Boos war. Und nicht zu vergessen ist Johannes Böhm, der aus Aub stammende Humanist und Deutschordenspriester, der sich latinisiert Joannes Boemus Aubanus genannt hat (um 1490–1534 in Rothenburg ob der Tauber). Er gilt als ein Begründer wissenschaftlicher Volkskunde (siehe S. 48).

Durch einen Durchgang in der Stadtmauer verläßt man anschließend Aub und wandert, wiederum neben der *Gollach*, endlich bis zur Kunigundenkapelle bei Burgerroth (Gemeindeteil von Aub), zuerst links, dann rechts vom Fluß. Dieser Weg, der sehr still im Tal verläuft, den Wald meist nur am Rand berührend, kann durchaus als ein letzter Höhepunkt der Wanderung bezeichnet werden, abgesehen von der Kunigundenkapelle selbst. Gegenüber dem Auber Gemeindeteil Baldersheim empfiehlt sich, zwischen der Stelzenmühle und der Ullenmühle links, ein „Ausflug" zur Ruine *Reichelsburg*, von der vor allem der 24 m hohe runde Bergfried besonders auffällt und weithin sichtbar bleibt. Aus dem 13. bis 15. Jahrhundert stammend, haben 1525 im Bauernkrieg aufständische Bauern die Burg geplündert und niedergebrannt, nachdem sie von der Besatzung, die der Fürstbischof nach Würzburg zurückbeordert hatte, um die Festung dort zu verstärken, aufgegeben worden war. Man hat sie später nicht wiederaufgebaut. Und der obligate vergrabene Burgschatz soll von einem schwarzen Teufelshund mit den üblichen feurigen Augen bewacht sein.

Weiter im Gollachtal stand einst, an einer Ecke der Waldabteilung *Grafenschlag* zum Fluß hin, die „Teufelsschmiede", eine Schleifmühle und spätere Hammerschmiede des 15. Jahrhunderts, die nach dem Bauernkrieg wohl verfallen, und von der auch nichts mehr erkennbar ist. Um diese Schmiede ranken sich Sagen in unterschiedlichen Fassungen: Daß der Müller oder Schmied seine Tochter mit dem Ritter von der Reichelsburg verheiraten wollte; sie aber sei dem Knecht oder einem Schäfer zugeneigt gewesen, woraufhin sie der Vater lieber dem Teufel zur Frau geben wollte, und der schlug das Angebot nicht aus. Es heißt auch, der Schmied wäre ein Anführer im Bauernkrieg gewesen und hätte „teuflisch" schnell Waffen geschmiedet.

Kurz bevor sich der Kunigundenweg am Ende des Waldes gleich nach rechts umwendet, um steil und in die Landschaft eingegraben nach oben zur Kunigundenkapelle zu gehen, bleibt er ganz eng (teilweise identisch mit einem archäologischen Lehrpfad) an der Gollach, die an dieser Stelle die Grenze zu *Baden-Württemberg* bildet. Ein schmaler Steg ermöglicht es sogar, einmal einen großen Schritt ins andere Bundesland zu wagen. Direkt an der Kehre des Weges ist in der topographischen Karte eine Furt eingetragen, bei der man auf Schrittsteinen die Gollach zu überqueren vermochte, und deren sich vielleicht auch Prozessionen von Aub zur Kunigundenkapelle bedient haben.

In der Stadtpfarrkirche Mariä Himmelfahrt kann eine bedeutende Kreuzigungsgruppe von Tilman Riemenschneider bewundert werden.

Der 24 m hohe Bergfried ist ein weithin sichtbares Zeichen der bereits im Bauernkrieg zerstörten Reichelsburg.

Die Kunigunden-kapelle auf dem Altenberg

Beim Aufstieg zum Endpunkt der Wanderung fällt auf, daß sich der kleine Hügel von allen bisher begangenen unterscheidet, da er mit niedrigen Hecken und Sträuchern bewachsen ist – ein leichter Ruch von Wildnis umgibt uns. Das erinnert an ähnliche Hügel in England, Irland oder der Bretagne. Rechter Hand kann man gleich noch tiefer in die Hecken eindringen, wo sich dieser Eindruck beim sogenannten „Kunigundenstein" noch verstärkt: ein unförmiger Muschelkalkfels mit runden Vertiefungen, der seitlich am Weg liegt. Der Sage nach hat sich hier die hl. Kunigunde niedergekniet und mit den Händen aufgestützt – was viele Wallfahrer nachvollzogen haben mögen.

Danach erreichen wir die Oberkante des Hügels (311 m) und können erst jetzt Turm, Dach sowie Unterbau des Reiseziels erkennen: Die *Kunigundenkapelle* blickt als äußerlich einfach gestalteter Langhausbau durch Bäume und Sträucher. Das schmutzige Weiß des Anstrichs, die graue Färbung der freiliegenden Mauerteile und überhaupt die ganze umfriedete Anlage stören nicht im geringsten die Empfindungen, die urtümlich anmuten. Ja, die archaische Ausstrahlung verstärkt sich noch beim Betrachten der Kunigundenfigur im hohen Doppelfenster am Turm. Sie sieht aber so ernst und magisch aus, daß man sie zuerst überhaupt nicht als hl. Kunigunde erkennen mag; auch trägt sie nicht die bekannten Symbole (Kirche, Krone), sondern in den merkwürdig emporgehaltenen, am Körper anliegenden Händen Ring und Lilie. Zusammen mit dem Gürtel paßt dann sicher wieder alles in die Thematik der Kunigundenlegende hinein: Der Gürtel als Symbol der Keuschheit, die Lilie als Zeichen der Reinheit und Jungfräulichkeit und der Ring für eheliche Treue zeigen eine ganze Palette von vertrauten Kunigundenmotiven, trotzdem ein leicht befremdlicher Eindruck bleibt. Beim genaueren Hinsehen fallen die Zickzacklinien und Riffelungen an den Gewändern auf, die nun endlich Erinnerungen an vorchristliche Verzierungen von Steinen, Gefäßen und Waffen wachrufen. Ebenso heidnisch wirken die kleinen Tier-Mensch-Mischwesen und Drachen unter dem Dach oder am Sockel des Chorerkers, auch wenn man sie christlich als böse Dämonen zu interpretieren vermöchte. Wie schaut der Kopf über dem Erker auch so starr und mit offenem Mund zu uns herab? Will er wie frühere Prediger von der damals angebrachten Außenkanzel (seltener Rest in der Ecke zwischen Turm und Langhaus) zu den Wallfahrern hinuntersprechen, um sie vor den Götzen zu warnen? Einen Moment scheint es, als müßten die Mythen der vorgeschichtlichen und hochmittelalterlichen Siedler wieder lebendig werden, deren Spuren man hier in bedeutender Anzahl ausgegraben hat.

Eine zusammenhängende Gruppe von Hütten- und Befestigungsspuren sowie Werkzeugresten war hier so stark vorhanden, daß die Wissenschaft eine eigene Kultur danach benannte: die Altenberg-Kultur, nach dem *Altenberg*, auf dem die Kunigundenkapelle erbaut ist. Diese jungsteinzeitliche Gruppe lebte als Ackerbauern, Viehzüchter, Jäger und Fischer ca. 3500–2900 v. Chr. auf diesem Berg. Aber auch Spuren aus noch früheren Zeiten fanden sich hier und auf den Hügeln an der Gollach gegenüber. Die Archäologen gruben ebenso Reste von mittelalterlichen Gräben, Wällen, Mauern oder Holzversteifungen in der Umgebung der Kirche aus, knapp außerhalb der heutigen Mauer am Weg nach Burgerroth. Aus dieser Zeit stammt außerdem ein noch lebendiges Altertum des Hügels, nämlich die Kunigundenlinde hinter der Kirche, die vielleicht als „Dorflinde" einst Zentrum der Besiedlung gewesen ist. Hier hat sich auch der Sage nach der Schleier der Kaiserin verfangen, nachdem er von Bamberg her so weit über die Lande geschwebt war.

Die Besiedlung des Altenbergs währte noch bis zum Ende des 15. Jahrhunderts, bis schließlich die umliegenden Dörfer als Wohnorte übrigblieben. Die Bauern des Mittelalters jedenfalls mußten von hier, wie erwähnt, ihre Abgaben, zuerst in Form von Schweinen, zum Bamberger Domstift abführen. Diese Bamberg-Orientierung schlug sich dann auch in dem Patrozinium der 1232–1240 erbauten spätromanischen Chorturmkirche nieder, die als Pfarrkirche der hl. Kunigunde geweiht wurde. Ein Friedhof befand sich innerhalb der heutigen Umgrenzungsmauern bis 1945.

Mit Gedanken von frühen Siedlern, alten Sagen und archaischen Zeichen begeben wir uns ins Innere der Kapelle (Schlüssel im Nachbarort Buch; zum Festtag am Pfingstmontag geöffnet), wo der Rokoko-Hochaltar, freistehend im Chorbereich, etwas stört. Dahinter aber lassen sich gleich wieder Entdeckungen aus der Ursprungszeit machen: Das gleichmäßige Innere des Chorerkers mit seiner lebendigen Bemalung nimmt uns auf. Drei arme Mädchen sollen hier zu sehen sein, wie sie vom hl. Nikolaus Geschenke empfangen, damit sie eine Aussteuer haben und nicht der Schande verfallen. Daneben ragt eine alte Schale aus der Wand, die uns kurz wieder an die hl. Kunigunde erinnert, die im Bamberger Relief Riemenschneiders (Hochgrab im Dom) aus einer Schale den Arbeitslohn an die Bauleute der Stephanskirche verteilt. Aber auch die Vertiefungen im „Kunigundenstein" (siehe S. 67) können an Opferschalen denken lassen, die gerade in vorchristlichen Zeiten oft benutzt wurden. Wenn man sich nun – weiter darüber nachsinnend – in die unter dem Chor liegende, enge Krypta begibt und

Gerade bei trübem Licht wirkt die Kunigundenkapelle auf dem Altenberg ganz sagenumwoben.

bedenkt, daß hier der Sockel eines Altares gefunden wurde mit einer festgetretenen Laufspur außen herum – dann fragt man sich doch, wie lange Magie und Heidentum an diesem Ort noch lebendig gewesen sein mögen. In vielen schriftlichen Überlieferungen kann ja nachgewiesen werden, daß die „magische Volkskultur ... erstaunlicherweise trotz Inquisition, Reformation und Gegenreformation relativ ungebrochen" blieb (W. Behringer) – also bis zum Ende des 16. Jahrhunderts! Aus dem Jahr 1000 kennt man eine Art „Gewissenserforschung" aus Worms mit der Frage: „Kamst du zum Beten an einen anderen Ort als in die Kirche ... nämlich zu Quellen oder zu Felsen oder zu Bäumen oder auch zu Scheidewegen ...?" (Behringer). An der Nordwest-Seite des Altenbergs – wahrscheinlich Berg des Gottes Wotan –, jenseits der Bahntrasse, entspringt ein Quell-Bächlein, das durch den Höllsteig in die nahe Gollach fließt. An diesem Höllsteig befand sich noch ein sagenbehafteter Stein, genannt Teufelstisch, dem aber anscheinend die Weihe durch eine Heilige wie beim „Kunigundenstein" oder bei der Kunigundenlinde fehlte. Auch ein „Scheideweg" oder eine besondere Wegstelle dürfte am Altenberg, etwa unten an der alten Furt, nicht schwer zu finden sein. Hier ergab sich wohl ein seltenes Zusammentreffen von erhaltenen vorchristlich-germanischen, keltischen und christlichen Kultorten – an bis heute nicht unbedeutenden Grenzen, an der Mündung der Gollach in die Tauber.

Doch die Kunst hat wohl dagegengehalten, wenn manche noch versucht haben, in bereits christlicher Zeit unter dem Deckmantel der Kunigundenverehrung heidnische Kulte weiterleben zu lassen. Bei Tacitus (1. Jahrhundert n. Chr.) lassen sich Anmerkungen über den weiblichen Aspekt heidnischer Religiosität finden: „Die Germanen glauben sogar, den Frauen wohne etwas Heiliges und Seherisches inne." Und es war auch germanischer Glaube, „daß es der Hoheit der Himmlischen nicht gemäß sei, Götter in Wände einzuschließen oder irgendwie der menschlichen Gestalt nachzubilden" (nach Behringer). Auf die Germanen hätte die Altenberger Steinfigur der heiligen Kunigunde wohl abschreckend wirken müssen. Die christlich motivierte Kunst sucht sich also in ihren Plastiken vom unterschwellig Mystischen klarer abzuheben.

Um 1500 schließlich hat die weit mehr als nur magische Kunst Tilman Riemenschneiders alle Dämonie von Tod und Jenseits in eine sanfte Traurigkeit verwandelt: Seine Kunigunde schläft im Dom zu Bamberg neben ihrem Gemahl ganz innerlich, mit unverkrampft abgelegten Händen; seine Maria in Creglingen an der Tauber wird gar lebendig in den Himmel aufgenommen.

Ein landschaftlicher Höhepunkt des Weges ist der Teil, der durch den Gollachgrund zur Kunigundenkapelle führt.

Im höhergelegenen Chor innerhalb der Kunigundenkapelle ergeben sich einige Rätsel: Was zeigen zum Beispiel die Wandmalereien rechts vom Fenster, oder was bedeutet die seitlich angebrachte Schale?

Praktische Hinweise

Der Kunigundenweg ist auch sehr gut mit dem *Fahrrad* zu erforschen, vor allem zur Besichtigung der zusätzlichen Orte und Nebenwege, auf die im Text eingegangen wird. Manche Waldstrecken sind für ein nicht geländegängiges Rad jedoch nicht befahrbar.

Hier sind besonders folgende Umgehungen zu empfehlen:

- Ab Dippach auf die Autostraße nach Reichmannsdorf, dann weiter bis Schlüsselfeld. Von dort am besten über Waldwege, die im Tal bleiben, nach Burghaslach (vor dem Waldlehrpfad, der nach Schlüsselfeld beschrieben ist, links im Tal halten).
- Ab Burghaslach können Sie auf der Autostraße bis Scheinfeld den Kunigundenweg recht gut verfolgen.
- Ab Scheinfeld die Ortsverbindungsstraße nach Markt Bibart.
- Ab Markt Bibart kann man nördlich über Altmannshausen–Nenzenheim–Seinsheim–Frankenberg–Bullenheim fahren; oder südlich über Sugenheim–Uffenheim gleich tiefer in den Gollachgau vorstoßen. Für „Waldfahrer" sei auf die vielen, gut befahrbaren Wege im Kunigundenwald ab Krassolzheim–Nenzenheim (Höhe Iffigheimer Berg) hingewiesen.
- Ab Bullenheim können Sie fast immer parallel zum Kunigundenweg, manchmal sehr nahe, auf den Ortsverbindungsstraßen nebenher fahren.

- Für Wanderer und Radfahrer besteht in Markt Bibart und Weikersheim an der Tauber Zuganschluß. In Aub besteht die Möglichkeit, mit dem Bus (Haltestelle Gollachbrücke) nach Ochsenfurt oder Würzburg zu gelangen. Für jemand, der den Weg von Aub nach Bamberg geht, besteht natürlich auch in Bamberg ein Zuganschluß.

- Im Schloß Schwarzenberg über Scheinfeld sind Besichtigungen (für Gruppen) nur nach vorheriger Anmeldung möglich (Kirche, Innenhof, Turm).
- Anmeldungen bei: Georg Werner in Scheinfeld, Tel. 0 91 62 / 78 39.

- Die Öffnungszeiten der „Schloßstuben" auf Schloß Frankenberg sind: Im Sommer, Samstag und Sonntag 14 – 20 Uhr; im Winter, Samstag und Sonntag 14 – 18 Uhr.
- *Gruppen* nach Vereinbarung; Telefon 0 93 39 / 5 21.

Wegmarkierung zwischen Bamberg und Aub

Abschließend seien noch folgende Karten genannt:

Fritsch Wanderkarten: Bamberg–Forchheim; Frankens Gemütliche Ecke (ohne Altenberg). Topographische Karten

1 : 25 000 (Bayerisches Landesvermessungsamt München): 6131 Bamberg Süd; 6130 Burgebrach; 6230 Höchstadt a. d. Aisch; 6229 Schlüsselfeld; 6228 Wiesentheid; 6328 Scheinfeld; 6327 Markt Einersheim; 6326 Ochsenfurt; 6426 Aub.

- Als Etappeneinteilung empfiehlt sich eine Strecke von gut 20 km pro Tag. Daraus ergeben sich *fünf Einzelabschnitte:*

Bamberg → Burgebrach
Burgebrach → Burghaslach
Burghaslach → Scheinfeld
Scheinfeld → Bullenheim
Bullenheim → Aub

Manche Aussichtspunkte fordern regelrecht dazu auf, ein Fernglas zu benutzen.

Schloß Schwarzenberg, Situationsplan 1883

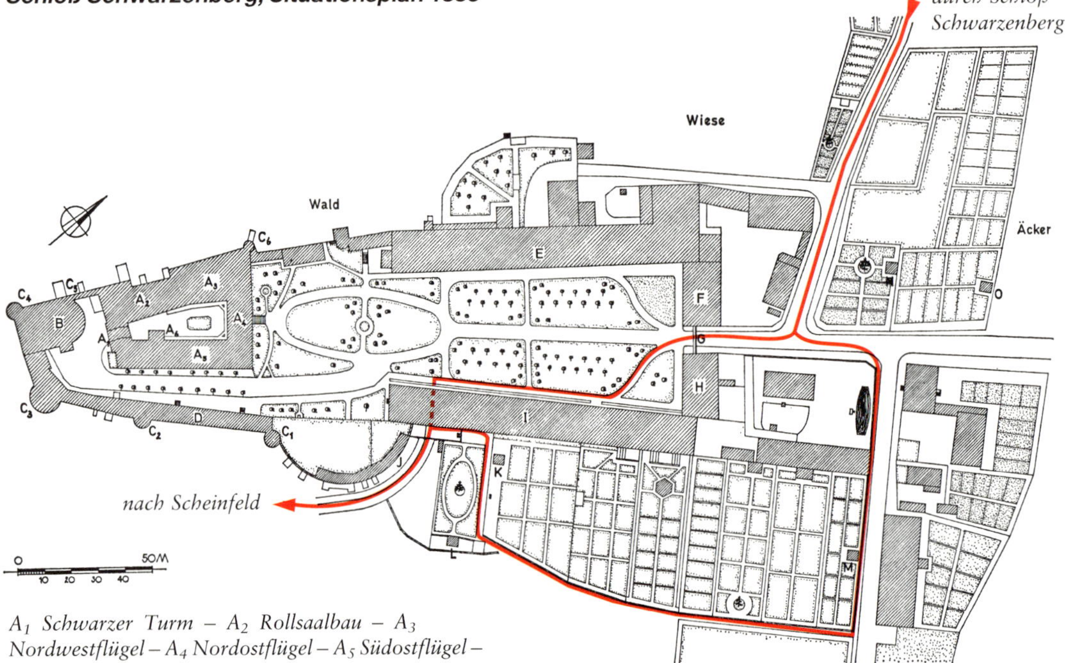

A_1 Schwarzer Turm – A_2 Rollsaalbau – A_3 Nordwestflügel – A_4 Nordostflügel – A_5 Südostflügel – A_6 Schwanenturm – B Schloßkapelle – C_1 Glocken- oder Uhrturm – C_2 Bauernturm – C_3 Stückturm – C_4 Hungerturm – C_5 Kirchenturm – C_6 Küchenturm – D Kleiner Beamtenbau – E Brauereiflügel – F Meierei – G Tor – H Remisen- und Stallbau – I Großer Beamtenbau – J Unteres Schloßtor – K, L, M, N, O = Gartenhäuser. Quelle: Landesamt für Denkmalpflege/Deutscher Kunstverlag München.

Übernachtungs-möglichkeiten

Die Übernachtungsangebote werden in der folgenden Liste in der Reihenfolge aufgeführt, wie sie am Kunigundenweg von Bamberg aus nach Aub zu finden sind.

Da es in Bamberg selbst eine sehr große Zahl von unterschiedlichen Angeboten gibt, verzichten wir hier auf eine detaillierte Darstellung und bitten Sie, sich an das Städtische Fremdenverkehrsamt zu wenden, wo Sie sicher Auskunft erhalten und auch eine eigene Auflistung bekommen können: Hauptwachstraße 16 (ab Jan. 1991: Geyerswörthstraße 3), Postfach 11 01 53, 8600 Bamberg, Tel. 09 51/2 10 40.

Zwischen Bamberg und Burgebrach

Mühlendorf

Gasthof **Alte Mühle,** Brückenstraße 19, Mühlendorf, 8602 Stegaurach, Tel. 09 51 / 2 91 19

Burgebrach

Hotel-Gasthof **Goldener Hirsch,** Hauptstraße 14, 8602 Burgebrach, Tel. 0 95 46 / 12 27
Gasthof **Schwan,** Hauptstraße 16, 8602 Burgebrach, Tel. 0 95 46 / 3 06
Gasthof **Steigerwald,** Häfnergasse 1, 8602 Burgebrach, Tel. 0 95 46 / 3 33
Gasthof-Pension **Fränkischer Hof,** Steigerwaldstraße 9, 8602 Burgebrach, Tel. 0 95 46 / 3 20

Zwischen Burgebrach und Burghaslach

Reichmannsdorf

Hotel-Restaurant **Schloßgasthof,** Untere Hauptstraße, Reichmannsdorf, 8602 Schlüsselfeld, Tel. 0 95 46 / 61 72 od. 60 14

Schlüsselfeld

Gasthof **Amtmann-Bräu,** Kirchplatz 1, 8602 Schlüsselfeld, Tel. 0 95 52 / 70 63
Gasthaus **Zum Storch,** Marktplatz 20, 8602 Schlüsselfeld, Tel. 0 95 52 / 10 16
Gasthof **Krone,** Marktplatz 34, 8602 Schlüsselfeld, Tel. 0 95 52 / 3 64

Thüngfeld

Hotel **Steigerwald,** Thüngfeld 91, 8602 Schlüsselfeld,
Tel. 0 95 52 / 3 73
Sieghart Hans, Thüngfeld 24, 8602 Schlüsselfeld,
Tel. 0 95 52 / 13 57

Fürstenforst

Gasthof **Steigerwaldhöhe,** Fürstenforst, 8602 Burghaslach,
Tel. 0 95 52 / 3 98

Burghaslach

Gaststätte **Steigerwaldruh,** Griffenberg 3, 8602 Burghaslach,
Tel. 0 95 52 / 8 28
Gasthof **Rotes Ross,** Kirchplatz 5, 8602 Burghaslach,
Tel. 0 95 52 / 3 74
Gasthof **Zur Krone,** Marktplatz 1, 8602 Burghaslach,
Tel. 0 95 52 / 2 37
Pension **Talblick,** Fürstenforster Straße 32, 8602 Burghaslach,
Tel. 0 95 52 / 17 70
Melbers Schoppeneck, Neustädter Straße 2, 8602 Burghaslach
Tel. 0 95 52 / 60 11

Zwischen Burghaslach und Scheinfeld

Kirchrimbach

Rau Franz, Kirchrimbach 14, 8602 Burghaslach,
Tel. 0 95 52 / 8 51

Oberrimbach

Pension-Restaurant, **Steigerwaldhaus,** Oberrimbach 2,
8602 Burghaslach,
Tel. 0 95 52 / 8 58

Seitenbuch

Wetz Doris, Seitenbuch 9, 8602 Burghaslach,
Tel. 0 91 67 / 4 57

Erlabronn

Pension **Fam. Wetz,** Erlabronn 26, 8533 Scheinfeld,
Tel. 0 91 67 / 2 85

Scheinfeld

Gasthaus **Zur Schrotmühle,** Würzburger Straße 19, 8533 Scheinfeld,
Tel. 0 91 62 / 4 41
Hotel-Weinstube **Posthorn,** Adi-Dassler-Straße 4, 8533 Scheinfeld,
Tel. 0 91 62 / 4 88
Gasthof **Krone,** Hauptstraße 17, 8533 Scheinfeld,
Tel. 0 91 62 / 5 46

Zwischen Scheinfeld und Bullenheim

Markt Bibart

Hotel-Gasthof **Zum Hirschen,** Nürnberger Straße 13,
8536 Markt Bibart,
Tel. 0 98 43 / 82 78

Bullenheim

Falk Karl, 8701 Bullenheim 47,
Tel. 0 93 39 / 6 19
Mann Gerhard, 8701 Bullenheim 46,
Tel. 0 93 39 / 6 04

Zwischen Bullenheim und Aub

Ippesheim

Neumeister Oswald, 8701 Ippesheim 26,
Tel. 0 93 39 / 10 02
Peiffer Georg, 8701 Ippesheim 118,
Tel. 0 93 39 / 5 39

Oberickelsheim

Gasthaus **Zum Rappen,** 8701 Oberickelsheim,
Tel. 0 93 39 / 2 38

Aub

Goldenes Lamm, Marktplatz, 8701 Aub,
Tel. 0 93 35 / 6 50
Weißes Roß, Marktplatz 2, 8701 Aub,
Tel. 0 93 35 / 2 87
Zum Löwen, Hauptstraße 9, 8701 Aub,
Tel. 0 93 35 / 3 90
Café **Schedel,** Marktplatz, 8701 Aub,
Tel. 0 93 35 / 2 77

Baldersheim

Zum Lamm, Truchseßstraße 6, Baldersheim, 8701 Aub,
Tel. 0 93 35 / 5 47

Einige Gasthäuser bieten auch an, den Wanderer mit dem Wagen abzuholen, z. B. von Orten am Kunigundenweg, die keine Übernachtungsmöglichkeit haben. Das gilt ebenso für Gasthäuser, die nicht am Kunigundenweg liegen, sondern in Nachbarorten, die nicht in der Liste aufgeführt sind. Das muß aber jeweils erfragt werden.

Dämonische Tier-Mensch-Mischwesen außen unter dem Chor der Kunigundenkapelle auf dem Altenberg.

Die Kunigundenlinde, in der sich der Sage nach der Schleier der Kaiserin verfangen haben soll.

Literaturverzeichnis

Albart, R.: Rundwanderungen im Steigerwald, Stuttgart 1973.

Andraschko, F.: Schloß Schwarzenberg im Wandel der Zeiten, 2. Aufl., Neustadt a. d. Aisch 1967.

Baier, H.: Bamberger Umland. Landschaft – Kunst – Kultur, Bamberg 1982.

Barnickel, J. B.: Grundzüge der Geschichte der zum Erzbistum Bamberg gehörigen Pfarrei Rodheim, Bamberg 1846.

Baumgärtel-Fleischmann, R.: Bamberger Plastik von 1470 bis 1520, Bamberg 1968.

Bayerisches Landesamt für Denkmalpflege / Gesellschaft für Archäologie in Bayern (Hg.): Das archäologische Jahr in Bayern, Jg. 1980–1988, Stuttgart 1981–1989.

Beck, C.: Die Ortsnamen des Aischtales und der Nachbartäler nebst Proben von Flurnamen und einem Verzeichnis der Wüstungen, Neustadt a. d. Aisch 1926, Nachdr. Neustadt a. d. Aisch 1983.

Beck, G.: St. Heinrich und St. Kunigunde, Bamberg 1961.

Behringer, W. (Hg.): Hexen und Hexenprozesse, München 1988.

Bosl, K.: Franken um 800, 2. Aufl., München 1969.

Braun, R.: Das Benediktinerkloster Michelsberg, 2 Bde., Kulmbach 1977 f.

Breuer, T./Gutbier, R.: Stadt Bamberg. Innere Inselstadt, 2 Halbbde., München 1990 (= Die Kunstdenkmäler von Bayern. Regierungsbezirk Oberfranken VII).

Bulitta, B.: Stadtführer durch die Altstadt von Scheinfeld, Scheinfeld o. J.

Bullenheim. Ein fränkischer Weinort in Vergangenheit und Gegenwart, Uffenheim 1977.

Chevalley, D. A.: Unterfranken. Ensembles, Baudenkmäler, Archäologische Geländedenkmäler, München 1985 (= Denkmäler in Bayern VI).

Chevalley, D. A./Lübbeke, H.-W./Nitz, M.: Oberfranken. Ensembles, Baudenkmäler, Archäologische Geländedenkmäler, München 1986 (= Denkmäler in Bayern IV).

Czeike, F./Brauneis, W.: Wien und Umgebung. Kunst, Kultur und Geschichte der Donaumetropole, 6., durchges. Aufl., Köln 1984.

Dehio, G.: Handbuch der deutschen Kunstdenkmäler. Bayern I: Franken, München 1979.

Edelmann, H.: Oberfränkische Altstraßen, Kulmbach 1955.

Egloffstein, A. v.: Burgen und Schlösser in Oberfranken, Frankfurt/Main 1972.

Eisenmann, J. A.: Geographische Beschreibung des Erzbisthums Bamberg, Bamberg 1833.

Emmert, U.: Erläuterungen zur geologischen Karte von Bayern Blatt Nr. 6328. Scheinfeld, München 1968.

Endres, F. C./Schimmel, A.: Das Mysterium der Zahl. Zahlensymbolik im Kulturvergleich, Köln 1984.

Fischer, H./Wohnhaas, T.: Historische Orgeln in Unterfranken, München 1981.

Freudinger, K.: Um Uffenheim und Bad Windsheim. Ein Heimatbuch zwischen Steigerwald und Frankenhöhe, Nürnberg 1961.

Goethe, J. W.: Goethes Werke. Band IV. Dramatische Dichtungen II, 10., neubearb. Aufl., München 1981.

Gräter C.: Der Bauernkrieg in Franken, Würzburg 1975.

Ders.: Das Taubertal, Amorbach 1972.

Der grüne Steigerwald lädt ein! Ein Führer durch den Steigerwald, Bamberg o. J.

Guth, K.: Jüdische Landgemeinden in Oberfranken 1800–1942. Ein historisch-topographisches Handbuch, Bamberg 1988.

Guttenberg, E. v.: Die Territorienbildung am Obermain, Bamberg 1966.

Haarländer, W.: Erläuterungen zur geologischen Karte von Bayern. Nr. 6229. Schlüsselfeld, München 1969.

Herder Lexikon Pflanzen, 2. Aufl., Freiburg 1979.

Hillermeier, S.: Mittelfränkische Bocksbeutelstraße. Führer zum Weinbau an Steigerwald, Frankenhöhe und Tauber, Uffenheim 1990.

Hinz, P.: Wegweiser Steigerwald. Bd. 1. Nördlicher Teil, Bamberg o. J.

Ders.: Wegweiser Steigerwald. Bd. 2. Südlicher Teil, Bamberg o. J.

Högler, P. (Hg.): Alte Geschichten und Sagen aus dem Ochsenfurter Gau, 2. Aufl., Oellingen 1984.

Hojer, G.: Ehemaliger Landkreis Scheinfeld, München 1976 (= Bayerische Kunstdenkmale XXXV).

Holstein, K.: Rothenburger Stadtgeschichte. Ein Gang durch ein Jahrtausend der ehemals Freien Reichsstadt, 4. Aufl., Rothenburg o. J.

Hotz, J.: Aus Frankens Kunst und Geschichte. Mittelfranken, Lichtenfels o. J.

Hotz, J./Maierhöfer, I.: Aus Frankens Kunst und Geschichte. Oberfranken, Lichtenfels 1970.

Jacob, S.: Die Porzellanmanufaktur zu Reichmannsdorf, in: 109. Bericht des Historischen Vereins, Bamberg 1973.

Jessen, H. (Hg.): Die Deutsche Revolution 1848/49 in Augenzeugenberichten, 2. Aufl., München 1976.

Kaiser, J./Worschech, R.: Alte Brunnen in Unterfranken, Würzburg 1986.

Karlinger, H.: Die Kunstdenkmäler von Unterfranken & Aschaffenburg I. Bezirksamt Ochsenfurt, unveränd. Nachdr. d. Ausg. München 1911, München 1983 (= Die Kunstdenkmäler des Königreichs 3).

Klarmann, J. L.: Der Steigerwald in der Vergangenheit. Ein Beitrag zur fränkischen Landeskunde. 2. verm. u. verb. Aufl., Gerolzhofen 1909, Nachdr. Gerolzhofen 1983.

Klarmann, J. L./Spiegel, K.: Sagen und Skizzen aus dem Steigerwald, Nachdr. d. Ausg. 1912, Neustadt a. d. Aisch 1982.

Kolb, K.: Wallfahrtsland Franken, Würzburg 1979.

Ders.: Wehrkirchen und Kirchenburgen in Franken, 2. Aufl., Würzburg 1977.

Kuhn, O.: Erdgeschichte des Bamberger Umlands, 2. Aufl., Altötting 1983.

Lang, M.: Erläuterungen zur geologischen Karte von Bayern. Blatt Nr. 6131. Bamberg Süd, 2. Aufl., München 1970.

Leben im Bamberger Land. 150 Jahre Kreissparkasse Bamberg, Bamberg 1990.

Lindner, K.: Untersuchungen zur Frühgeschichte des Bistums Würzburg und des Würzburger Raumes, Göttingen 1972.

Lübbecke, H. W.: Mittelfranken. Ensembles, Baudenkmäler, Archäologische Geländedenkmäler, München 1986 (= Denkmäler in Bayern V).

Maas, H.: Mausgesees und Ochsenschenkel. Kleine nordbayerische Ortsnamenkunde, 2. erg. Aufl., Nürnberg 1986.

Malter, W.: Oberfranken West, 2. Aufl., Heroldsberg 1984.

Mayer, H.: Bamberg als Kunststadt, 2. Aufl., Bamberg 1977.

Ders.: Die Kunst des Bamberger Umlandes, 2. umgearb. u. verm. Aufl., Bamberg 1977.

Menth, G.: Die Reichelsburg, o. O. o. J.

Ders.: Stadt Aub. Baldersheim, Burgerroth, Wolfratshausen 1988.

Ders.: St. Kunigund auf dem Altenberg. Aub, Ortsteil Burgerroth, Kirchenstiftung Buch, Wolfratshausen 1985.

Motschmann, J.: Es geht Schabbes ei. Vom Leben der Juden in einem fränkischen Dorf, Lichtenfels 1988.

Müller, K. M.: Mittelalterliches Franken. Ein Reisehandbuch, Würzburg 1980.

Muth, H.: Tilman Riemenschneider, Würzburg 1982.

Muth, H./Ohmayer, A.: Riemenschneider in Franken, Königstein 1987.

Neuhaus, V. (Hg.): Johann Wolfgang Goethe. Götz von Berlichingen, Stuttgart 1983 (= Erläuterungen und Dokumente).

Neukam, W. G.: Wege und Organisation des Bamberger Handels vor 1400, in: Festgabe Anton Ernstberger. Dargebracht zum 60. Geburtstag am 22. November 1954, Kall-

münz 1954 (= Jahrbuch für fränkische Landesforschung 14).
Neundorfer, J.: Heimatbuch des Marktes Burgebrach, Burgebrach 1986.
Ders.: Vom Steigerwald zum Jura. Zur Geschichte der Landschaft, Bamberg 1987.
Nöth, S.: Urbare und Wirtschaftsordnungen des Domstifts zu Bamberg, II. Teil, Neustadt a. d. Aisch 1986.
Oppitz, O.: Markt Ippesheim in seiner geschichtlichen Entwicklung, 2. Aufl., Uffenheim 1988.
Pfarrei St. Johannes d. T. Schlüsselfeld 1376–1976, Bamberg o. J.
Pfarrkirche Mariä Himmelfahrt. Scheinfeld/Mfr., München 1981.
Pfarrkirche St. Johannes d. T. Schlüsselfeld. Orgelweihe Münsterschwarzach o. J.
Pfistermeister, U.: Verborgene Kostbarkeiten. Rund um Bamberg, Coburg, Schweinfurt, Nürnberg 1965 (= Kunstwanderungen abseits der Hauptstraße 4).
Dies.: Verborgene Kostbarkeiten. Rund um Würzburg, Nürnberg 1969 (= Kunstwanderungen . . . 8).
Pölnitz, S. v.: Vierzehnheiligen. Eine Wallfahrt in Franken, Weißenhorn 1971.
Ramisch, H. K.: Landkreis Uffenheim, München 1966 (= Bayerische Kunstdenkmale XXII).
Reitzenstein, H. v.: Franken, 7. Aufl., München 1984.
Ders.: Die Geschichte des Bamberger Domes, München 1984.
Roppelt, J. B.: Historisch-topographische Beschreibung des kaiserlichen Hochstifts und Fürstenthums Bamberg, Bamberg 1801.
Roser, H.: Klöster in Franken. Werke und Gestalten einer europäischen Kulturlandschaft, Freiburg 1988.
Roth, E.: Sankt Kunigunde. Legende und Bildaussage, Bamberg 1988.
Sayn-Wittgenstein, F.: Der Main. Von den Quellen bis zur Mündung, München 1973.
Schmerl, W. S./Weiß, J.: Uffenheimer Geschichte und Geschichten. 3. Bd., Uffenheim 1983.
Schneider, P.: Der Steigerwald in der Gesamtschau, Würzburg 1958 (= Mainfränkische Heimatkunde 11).
Schwarz, K.. Der frühmittelalterliche Landesausbau in Nordost-Bayern – archäologisch gesehen, in: Ausgrabungen in Deutschland, 2. Aufl., o. O. 1976 (= Monographien des Römisch-Germanischen Zentralmuseums 1 Tl. II).
Die Schwarzen Führer. Franken, Freiburg 1987.
Schwierz, I.: Steinerne Zeugnisse jüdischen Lebens in Bayern. Eine Dokumentation, Bamberg 1988.
Ders.: Zeugnisse jüdischer Vergangenheit in Unterfranken, Bamberg 1983.
Stadt Aub. Landkreis Würzburg, Ochsenfurt o. J.
Treutwein, K.: Unterfranken. Landschaft, Geschichte, Volkstum, Kultur, Kunst, 3. völlig überarb. Aufl., Heroldsberg 1978.
Weber, H.: Kitzingen, München 1967 (= Historischer Atlas v. Bayern, Tl. Franken, I, H. 16).
Weiss, H.: Stadt- und Landkreis Bamberg, München 1974 (= Hist. Atlas v. Bayern, Tl. Franken, H. 21).
Wencker-Wildberg, F./Lang, C. W.: Uffenheimer Geschichte und Geschichten. (Romantik einer Kleinstadt) 1. Bd., Uffenheim 1982.
Wieland, W.: Herrschaft und Schloß Schwarzenberg, 2. Aufl., Scheinfeld 1983.
Wimmer, O./Melzer, H.: Lexikon der Namen und Heiligen, Innsbruck 1984.
Winzerbetriebe in deutschen Weinbaugebieten. Bd. 1 Franken, Bamberg 1987.
Zauner, G.: Zauners Nadelbäume-Kompaß. Koniferen in Wäldern, Parks und Gärten richtig bestimmen, 3. Aufl., München o. J.
Zethmeyer, R.: Das Maßwerk in der baulichen Gesamterscheinung der ehemaligen Landkreise Scheinfeld – Kitzingen (altes Gebiet) – Ochsenfurt. Zusammenfassende Übersicht d. Studien, Gedanken und Betrachtungen, Nürnberg 1985.

Ein alter Kellereingang in Dippach bei Burgebrach.

Frühlingsstimmung bei Aub.

Zeitungen und Zeitschriften:

Durch Kaisers Gnaden zur Stadt erhoben, in: Fränkischer Tag, Nr. 131, 11. 6. 1986, S. 29.

Schütze, C.: Zuflucht für die deutsche Seele. Was ist so Besonderes an unserem Wald?, in: Süddeutsche Zeitung, Nr. 116, 21.–23. 5. 1983, S. 101.

HB Bildatlas Spezial. Weinlandschaft Franken, Nr. 20, 1986.

HB Naturmagazin draußen. Naturpark Steigerwald, Nr. 12, 1981.

Heimatbote aus dem Reichen Ebrachgrund, 1. Ausg., 1988.

Der Steigerwald, 4. Jg., H. 4/1984.
8. Jg., H. 1–4/1988.

Steigerwaldklub (Hg.): Kunigunden-Weg. Bamberg-Aub/Gollachgau 110 km. Historischer Verbindungsweg der Benediktiner aus dem 9. Jahrhundert, Gerolzhofen o. J. (= Faltblatt).

Mistele, K. H.: St. Kunigund bei Burgerroth. Beobachtungen an einer spätromanischen Steinfigur,
in: Archiv für Geschichte von Oberfranken 62 (1982) 133–139.

Register

Wir sind allen zu Dank verpflichtet, die uns bei der Erstellung dieses Buches mit Informationen unterstützt haben, besonders allen Behörden, Fremdenverkehrs- und Forstämtern und speziell der Familie Dr. Hümmer aus Fürstenforst; Baron Carl von Lerchenfeld; Karl Menth, Andreas Neckermann und Pfarrer Stephan Hartmann aus Aub; Pfarrer Erich Eysselein aus Simmershofen; Frau Erna Zimmermann aus Schlüsselfeld und Dr. Renate Baumgärtel-Fleischmann aus Bamberg; Georg Roß, Christine Herbstsommer, Karl Johannes Fürst von Schwarzenberg.

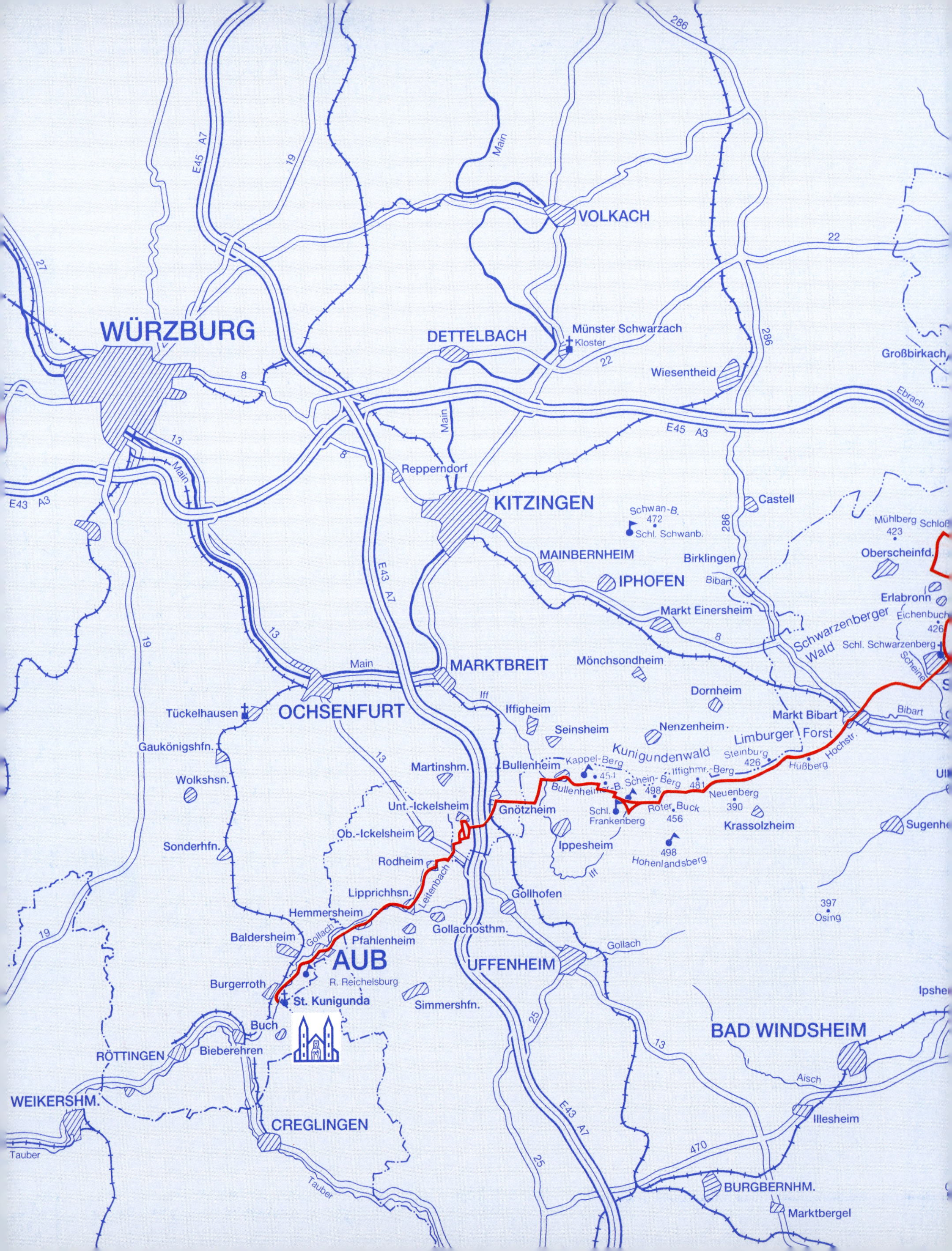
286
Main
E45 A7
19
VOLKACH
22
27
WÜRZBURG
DETTELBACH
Münster Schwarzach
Kloster
22
Wiesentheid
286
Großbirkach
8
Ebrach
Main
E45 A3
13
Main
8
Repperndorf
E43 A3
KITZINGEN
Schwan-B.
472
Schl. Schwanb.
Castell
286
Mühlberg
423
Schloß
E43 A7
MAINBERNHEIM
Birklingen
Oberscheinfd.
IPHOFEN
Bibart
Erlabronn
19
Markt Einersheim
Eichenbuch
426
13
8
Schwarzenberger Wald
Schl. Schwarzenberg
Scheine
Main
MARKTBREIT
Mönchsondheim
Dornheim
Iff
Tückelhausen
OCHSENFURT
Iffigheim
Markt Bibart
Bibart
Seinsheim
Nenzenheim
Limburger Forst
Gaukönigshfn.
13
Kunigundenwald
Steinburg
426
Hochstr.
Kappel-Berg
Hußberg
Martinshm.
Bullenheim
451
Iffighmr.-Berg
481
Wolkshsn.
Bullenheimer-B.
Schein-Berg
498
Neuenberg
390
Unt.-Ickelsheim
Gnötzheim
Schl. Frankenberg
Roter Buck
456
Krassolzheim
Ob.-Ickelsheim
Sugenheim
Sonderhfn.
Ippesheim
498
Hohenlandsberg
Rodheim
Iff
Leitenbach
Gollhofen
Lipprichhsn.
397
Osing
19
Hemmersheim
Gollachosthm.
Baldersheim
Gollach
Pfahlenheim
Gollach
AUB
UFFENHEIM
R. Reichelsburg
Burgerroth
St. Kunigunda
Simmershfn.
Ipsheim
25
Buch
BAD WINDSHEIM
RÖTTINGEN
Bieberehren
13
Aisch
WEIKERSHM.
E43 A7
Illesheim
CREGLINGEN
Tauber
470
25
Tauber
BURGBERNHM.
Marktbergel